all' illustre amico
Sig. Henry Prunières
per ricordo di *[firma]*

H. P. 129

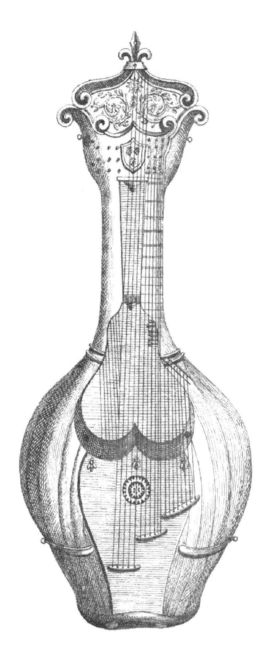

LYRA BARBERINA

FRANCESCO VATIELLI

La " Lyra Barberina "

DI G. B. DONI

Pesaro 1908 ✠
Stab Tip. ✠ ✠
Annesio Nobili

A LUIGI TORCHI

con affezione di discepolo

L' importanza che Gio. Battista Doni ha per alcune opere sue nella storia della musica, non mi sembra sia stata finora abbastanza riconosciuta dai dotti, dai quali lo si è per lo più giudicato un verboso erudito, un vano e paradossale ricostruttore dell'antica arte Ellenica, a mala pena concedendogli il pregio d'esser stato un buon critico ed esteta del primo melodramma secentista (1).

Questo giudizio appare a me errato o, per lo meno, esageratamente avventato. Son d'avviso che studiando più accuratamente le singole opere del patrizio fiorentino, si verrebbe·nella persuasione che se pure i suoi studi di erudizione musicale fallirono allo scopo cui direttamente miravano, furono contributo efficacissimo alla conoscenza della storia mu-

_____

(1) Ad esempio l'Ambros, pur così benemerito degli studi nostri, nella sua *Geschichte der Musik* (Lipsia 1881). Vol. 4. lo dice : « Kleinlich, Klatschsüchtig, schadenfroh, von maasslosem Gelehrtendünkel aufgebläht, voll unnützer viewisserischer Gelehrsamkeit ». E più oltre : « die guten und treffenden Bemerkungen welche seine Bücher hin und her-insbesondere über musikalische Declamation enthalten, sind durch den werthlosen Ballast, den man mit hinnehmen muss, theuer erkauft ». Il lettore poi potrà, se crede, constatare da se stesso con quante ironiche parole l'Ambros discorra della *Lyra Barberina*. Vero è che oggi pare un senso di risipiscenza in riguardo ai meriti del Doni vada facendosi strada presso i dotti che specialmente si occupano di musica greca.

sicale antica, sulla quale allora avevano pienamente
rivolto la loro speciale attenzione i letterati del tempo.
E neppure oggi, chi ami raccogliere materia sulle vicende dell'antica musica, può esimersi dalla lettura
delle dotte pagine Doniane.

Tentare questo lavoro non è il compito che pre-
sentemente mi sono assunto. Cerco in queste pagine
di studiare con qualche diligenza i suoi Commentari
sulla *Lyra Barberina* a contributo e conferma della
tesi enunciata, dacchè essi fra gli scritti dell'autore,
sono quelli che a me sembrano più atti a rivelare
le doti specifiche del Doni, i suoi particolari atteg-
giamenti riguardo la coltura musicale e l'arte stessa
de' tempi suoi.

Noi non possiamo giudicare il Doni diversamente
di un qualsivoglia umanista del quattrocento. Se ri-
guardiamo attentamente i criteri e l'ordine delle idee
informanti l'opera del Niccoli, dei Salutati, del Pog-
gio, del Filelfo, ecc., due secoli prima, scorgiamo
che essi non variano punto da quelli a seconda de'
quali operò di poi l'autor nostro. È in quelli come
in questi la medesima infatuazione dell'antico clas-
sicismo, lo stesso desiderio intenso di adattare, anzi
di costringere. i nuovi tempi e i nuovi spiriti ad un
mondo non più vivo, a uno spirito ormai senza vigore.

Ed è un fatto che come l'erudizione classica
umanistica è madre feconda della rinascita letteraria
e artistica, la coltura dell'antica musica greca e
greco-romana, che s'inizia verso la fine del cinque-
cento, genera novelle forme d'arte, onde in Italia
fiorisce la primavera della musica moderna.

La ragione di codesta distanza di quasi due secoli, dalla rinascenza letteraria e artistica a quella
musicale, forma, cred'io, una delle più brillanti questioni che possano porsi nel campo degli studi storici
della musica, nè io posso qui che enunciarla per in-
cidenza. Certo al grandioso movimento culturale uma-
nistico non parteciparono in nessun modo i musicisti
pratici e teorici, inceppati gli uni nelle strettoie
della scolastica discantista, intenti gli altri a sottili
disquisizioni e a sofistici problemi di scienza musi-

cale, ignoranti e incuranti tutti della letteratura classica e della civiltà antica. Aggiungasi a questo la tarda scoperta dei codici contenenti trattati musicali antichi e di monumenti della musica greca, de' quali chi primo fece oggetto d'interpretazione e d'esame fu Vincenzo Galilei. Laonde quando e la letteratura e le arti figurative e plastiche sorgevano e primeggiavano, la musica era immatura ancora come arte, stava per dir così componendo il proprio e nuovo substrato scientifico; e quando per contro apparvero in quelle i primi segni manifesti di decadenza e di avvizzimento, questa sbocciò come fiore fragante. Sta di fatto che l'umanesimo, e di conseguenza anche il rinascimento musicale, s'inizia per opera sopra tutto di letterati, non musicisti, al più non ignari di qualche elementar coltura musicale, intenti tutti a ripristinare la gloriosa tragedia ellenica.

E il Doni — come vedremo — non fu più che un letterato umanista, un *antiquarius* che portando le sue investigazioni nel campo dell'antica civiltà, e specialmente in quello della dottrina musicale dei Greci, pretese non solo — come i gentiluomini fiorentini — muover guerra al polifonismo imperante, ma rinnovare tutto l'edificio musicale del tempo suo per adattarlo alle norme dell'antica e veneranda arte ellenica.

Così egli divenne propugnatore di quella *musica erudita* che fu un infelice tentativo di restaurazione del passato, nato e morto con lui e con i pochi e rari suoi proseliti (1). Questa sua ferma intenzione è chiara e specificatamente esposta in ogni opera sua.

V'e forse da meravigliarsi — egli scrive, ad esempio, nei suoi *Progymnastica Musicae* (2) — che Guido d'Arezzo non avendo nessuna conoscenza di

---

(1) Zaccaria Tèvo nel *Musico testore* (Venezia 1706) scriveva: « Eruditi ingegni si sono affaticati in rinnovare li generi cromatico ed enarmonico e fra questi furono in Roma Giambattista Doni e Pietro della Valle, ma questa armonia non fu abbracciata ».

(2) Opere - Vol. II pag. 237.

lettere Greche nè di libri che alla teoria musicale
di quel popolo si riferiscono, abbia inventato nuovi
metodi, nuovi segni, nuove note? No certo; anzi v'è
di che lodarlo. « *È invece molto da meravigliarsi
che vi siano persone che disprezzino chi — come
noi intendiamo fare — voglia correggere codesti metodi Guidoniani adattandoli alle norme degli antichi metodi dei Greci* ». E più oltre (1) accennando a
tutta una nuova nomenclatura musicale, a una nuova
semiografia, a nuovi metodi di canto sempre in ri·
guardo alla nomenclatura, alla semiografia e a metodi greci soggiunge : « *Perchè non richiamare da
un ingiusto esilio i tetracordi degli antichi che fa·
cevano quella musica quasi di diverso carattere della
nostra, e non sostituirli ai difficili e ambigui esacordi
di Guido?* ». Or queste parole appaiono a me una vera
rivelazione in riguardo alle idee informative tutta
l'opera musicale del Doni, ed è, tenendo ognora
presente un siffatto criterio, che noi dobbiamo accin-
gerci a giudicare, come tutte le sue opere riguardanti
la musica, così i Commentari della *Lyra Barberina*.

Che cosa infatti intendeva egli fare con essi se
non rinnovare i gloriosi fasti delle musiche greche?

Ora gli strumenti musicali in uso al suo tempo
non potevano corrispondere certo agl' ideali suoi, nè
per la lor forma, nè per la loro accordatura, nè per
la maniera con cui si adoperavano.

Anzi proprio allora gli strumenti a pizzico an-
davano perdendo credito e decadevano : l'arpa era
ancora imperfettissima e quasi disusata in Italia, il
liuto aveva già trascorso la sua aurea età, si tra-
sformava in arciliuto, in chitarrone, in sistro, in mille
altre verità arricchendosi di corde e di suoni onde
far fronte agli strumenti moderni ad arco, che pro-
cedevano trionfali, ognor più ottenendo il primato
nel campo dell' organologia.

Occorreva quindi, pur trasformandole, far risorgere la veneranda lira, rimettere in onore l' Apolli-

---

(1) Loc. cit. pag. 239.

nea cetra; onde il Doni cerca investiga, scruta nei vecchi codici, nei mutilati monumenti antichi, nelle vetuste monete la loro forma, le loro varietà il loro uso, le loro particolari doti e dall' accozzaglia di entrambe, dall' adattamento di una porzione dell' una con quella dell' altra, fabbrica la sua *Lyra*, le cui preclare virtù di suono, abbiamo però ragione di ri tenere, non fossero che imaginarie.

Nato da un' idea paradossale e falsa, lo strumento Doniano non ebbe, nè aver poteva fortuna veruna. Forse per qualche tempo fu non più che un oggetto di curiosità nelle dorate sale del Vaticano e dei palazzi Barberini.

Ma la copia di erudizione e di preziose notizie, che l' autore nostro aveva raccolta nella prefazione di quest' opera sua e della quale sono ripieni i primi capitoli dei Commentari, forma di questi un monumento maraviglioso di letteratura musicale, una monografia compiuta di quanto riguarda la citaristica dei Greci.

E però se la critica odierna non sa scevrare nell' opera di quest' uomo le false idee che l' informano, dalla feconda e abbondante messe di cultura che vi è lautamente profusa; essa rie ce ingiusta; chè se un giorno si scriverà la storia della musicologia italiana, il nome di Giambattista Doni dovrà senza dubbio eccellere tra i più eminenti.

✱✱

Di Giovan Battista Doni possiamo avere ampie e particolari notizie, dalla biografia che in elegante e classico latino dettò l' erudito Monsignore Angelo Maria Bandini (1).

---

(1) ANGELO MARIA BANDINI. - *Commentarium - de vita et scriptis - Ioanni Bapt. Doni - Patricii Florentini - olim sacri cardinal, collegii a secretis - libri quinque - adnotationibus illustrati - ad Silvium Valenti - S. R. E. Presbyt. Card. Ampliss - Accedit eiusdem Doni litterarium commercium - num primum in lucem editum. - Florentiae,- Typis Caesareis - MDCCIV - Superiorum adprobatione.* - Il Bandini era nato a Firenze il 25 settembre 1726. Fu rinomatissimo come letterato ed erudito di antichità. Nel 1750 Monsignor Alessandro Marucelli lo propose alla sua biblioteca, che con rara competenza e solerzia riordinò e che venne poi generosamente aperta al pubblico. Dopo sei anni fu messo a capo della Laurenziana: morì nel 1800.

A noi basterà fermare l'attenzione su quella sua porzione di vita e su quel periodo di sua attività soltanto, che giungono sino alla composizione del trattato il quale forma l'oggetto dello studio nostro. Nè dell'opere sue che in questo tratto di tempo scrisse e che la musica non riguardano ci occuperemo, se non, al più, per additare al lettore la maravigliosa attività e la versatilà dell'ingegno suo, il carattere vario della sua multiforme dottrina.

Il Doni nacque nel 1594 a Firenze e, dopo gli studi di comune coltura, si diede con speciale riguardo alla conoscenza delle lingue e delle letterature classiche. Dice il suo biografo — certo con qualche ampollosità, ma senza dubbio con fondamento di vero — non esservi stata cosa veruna ragguardevole negli antichi scrittori ch'ei non imparasse e non conoscesse, nulla di così oscuro che non stimasse opportuno investigare.

Il viaggio da lui compiuto in Francia non ancor quadrilustre e per espresso volere del padre suo, che lo voleva indirizzato negli studi del Diritto, gli diè agio d'apprendere, in un con la lingua di quel paese, lo spagnuolo, e la conoscenza di codesti due importanti idiomi a lui apportò grande giovamento nelle frequenti peregrinazioni fuori d'Italia e nelle molteplici ambascerie cui fu in progresso di tempo designato.

A Pisa ottenne la laurea *utriusque iuris;* ma, schermendo i reiterati consigli paterni, trascurò la professione di legale per darsi a tutt'uomo agli studi filologici. Nè a questi allora attese mosso soltanto da naturale inclinazione, ma sì anche nella speranza di divenire professore di letteratura greca nell'Ateneo Pisano; speranza che però ben presto gli si appalesò del tutto vana.

Nell'anno 1622 accompagnò in un'ambasceria in Francia il legato pontificio Ottavio Corsini e colse allora l'occasione per fermarsi a lungo a Parigi, a rovistare le ricche biblioteche di quella metropoli e a stringere intimi rapporto di amicizia co' più dotti contemporanei ch' ivi dimoravano. Qui noteremo come il proposito di accogliere e d' illustrare le inscrizioni dell' antichità — dalla quale opera egli trasse fama maggiore come letterato – sin da questo tempo s' affacciasse alla sua mente; certo s' intensicò al suo ritorno in Roma dove fu benignamente accolto dal cardinale Francesco Barberini e da lui ammesso fra i famigliari più intimi ed eletti.

Nella preziosa biblioteca del dotto porporato trovò inscrutati tesori di sapienza, e facile è immaginare come presto ne divenne assiduo e fervente frequentatore. Per tal modo egli entrava anche nel numero di quegli eruditi cortigiani che formavano l' ornamento e il lustro della Corte Romana di quell' epoca in cui e papi e cardinali — discendenti tutti dalle più cospicue famiglie de' Borghesi, de' Ludovisi, de' Barberini — più che curanti del benessere delle popolazioni che tenevano a lor legge e che vivevano nell' ignoranza e nella servilità più biasimevole, mostravansi solleciti dell' esteriore fasto e, ripieni di piccolette ambizioni e di grande vanità, bramosi di laudative orazioni, di dediche ampollose, di glorificazioni puerili, facilmente diventavano prodighi di un opulento mecenatismo.

Per l'argomento nostro è di somma importanza la data del 1624, nel quale anno egli iniziò le sue ricerche e compose la prima opera sua intorno al teatro e la musica dell' antichità. Infatti in quel tempo nelle camere del Cardinale Barberini lesse due sue disertazioni: *Se le azioni drammatiche si rappresentavano in musica in tutto o in parte*, nelle quali si prefiggeva di provare che non solo il coro, ma si anche altre parti dell' antiche rappresentazioni teatrali erano eccompagnate dal canto.

Nei due anni successivi il Doni fu di bel nuovo incaricato dal papa a far parte di due importanti ambascerie in Francia e in Ispagna. Di speciale riguardo fu quest' ultima nella quale accompagnò il suo protettore Francesco Barberini al solenne battesimo di Maria Clara Eugenia, figlia di Filippo II.

Codeste ambascerie gli porgevaao occasione —
come già altra volta — di visitare monomenti e biblioteche, allargare le sue relazioni con gli studiosi
di maggior nome e aumentare così la fama che per
il suo grande sapere veniva tutto dì acquistando.

Nè da buono e avveduto cortigiano lasciava passare occasioni per rendersi sempre più caro ai Barberini, suoi potenti protettori. Già fin dal '23, allorchè il nipote di Urbano VIII era stato innalzato al-
l'onore della porpora, aveva composto una lettera
gratulatoria e un poema in lode del Pontefice. Nel
'27 per il matrimonio di Taddeo Barberini con Anna
Colonna scrisse una *Corona Myrtea* (1), specie di
carme epitalamico composto di strofe e di antistrofe.
E codesti lavori non furon senza frutto se valsero
ogni di più a renderlo maggiormente accetto a papa
Barberini che lo colmò di lauti benefici e di muni-
ficenti favori fino ad eleggerlo nell'autunno del '29
Segretario del Sacro Collegio.

Appartengono a questo periodo il suo studio sul
Ditirambo, sulla *Parodia*, su gli antichi Cori, intorno ai drammi degli antichi e i molteplici suoi
lavori sul Ritmo.

Siamo così arrivati al 1633 — il Doni contava
trentanove anni — all'epoca cioè dell'invenzione
della *Lyra Barberina*, della composizione del re-
lativo trattato e, secondo l'attestazione dello stesso
autor nostro, al momento in cui egli decisamente
converge la sua attività allo studio dell'antica musica e sorge in lui il proposito fermo di ripristinarla.
Egli infatti in una lettera in data del 27 ottobre di
quell'anno scrive (2) con un senso di manifesta sod-
disfazione, di orgoglio e di intimo convincimento:
« Quanto ai miei studi, sappia V. S. che io attendo
più che mai alla musica, dove, per quel poco di ta-
lento che Dio mi ha dato, mi pare d'aver scoperte

---

(1) Pubblicata poi nel '29.

(2) V. Bandini op. cit. lett. LXIX.

fin qui (oltre le cose cavate da musici Greci) bellissime osservazioni, così nella parte del Melos, come del Ritmo e in particolare circa i Modi o Suoni antichi con pensiero, quando che sia, di provare, se mi riuscisse di ridurli in pratica con un nuovo istrumento che ho per la fantasia nel quale si potranno sonare le consonanze nella loro perfezione. Io spero che dal libro composto sopra la *Lyra Barberina* (il quale uscirà presto fuori) si potrà giudicare quello che io posso fare in questo genere ».

In non poche altre lettere scritte durante l'anno '33 ad amici ed estimatori, il Doni spiega sovente le ragioni dell'opera sua e dà notizie intorno al suo nuovo lavoro (1). Così a Vincenzo Marineri (2) scriveva : « *Inter alia librum habeo prae manibus propediem edendum, in quo novum a me organum repertum cuius tibi delineationen misi, seu potius Lyram veterem e tenebris erutam, novisque additamentis exornatam describo multaque alia ad veterem musicam spectandis pertracto cum nonnullis Iconibus veterum Instrumentorum m sicorum, aliisque huiusmodi rebus valde curiosis. Quumque organum hoc suavissimi plane soni evaserit, dignum censui SS. Pontificis tutela ac patrocinio occasionem huic nactus lyram ipsius atque excellentissimam Poesiam celebrandi. Quamobrem et librum ipsum atque Instrumentum quod Lyram Barberinam indigitavi, Sanctitati suae dedicavi, cuius tibi copiam facere suo tempore non obliviscar* »

Interessante non meno è una lettera di Gabriele Nauden al Doni stesso in cui si legge : Da lui *(cioè dal P. Filippo Tomasini)* aveva già imparato quanto S. V. ri era felicemente affaticata in quella sua *Lyra Barberina* della quale diede conseguentemente

---

(1) Vedi anche le lettere riportate più oltre.

(2) Vincenzo Marineri fu prefetto della biblioteca dell' Escuriale, dottissimo in latino e in greco.

ragguaglio al P. Marino Mersennio (1) perchè egli
ancora, come credo che sappia bene V. S. intra-
prende per medesimo incontro di fare un altro libro
per esplicazione e delineazione di tutti gli strumenti
di musica tanto antichi che moderni de' quali ho
già ritrovato la delineazione in rame della Piva, di
maniera che, per quello conosco nel medesimo di-
segno, fra due valentuomini, non potrà produrre, se
non qualche effetto di grandissimo rilievo ».

Queste lettere stanno tutte a provare quale importanza il Doni desse al libro che aveva compiuto
e come in lui fosse grande il convincimento non solo
d'aver trattato con indiscutibile competenza dell'antica citarodia, ma d'aver rimessa questa in onore
per mezzo della sua novissima invenzione.

Ma codesta opera sua non trovò la fortuna ch'egli
si riprometteva e le delusioni non tardarono: il libro
infatti non potè mai veder la luce durante la sua
vita per quante sollecitazioni facesse e in Italia e
fuori e per quanto cercasse raccomandazioni di au-
torevoli e influenti persone.

In una lettera al signor Du Puy — lettera di
data certo anteriore a quella scritta a lui dal Nauden e che sopra ho riportato — si legge: « *Au reste
je vois prie de consigner entre les mains de Monsieur Naudè* (sic) *mon livre sur la* Lyra Barberine,
attendu que ye l'ay priè de m'en procurer l'e-

_____

(1) Marino Mersenne, monaco francescano nacque a Oizè nel
1588 e morì a Parigi nel 1648. Fu il più dotto musicologo francese del secolo XVII. La sua colossale opera *Harmonie Universelle*
- pubblicata nel 1636 - contiene fra altro un pregevole trattato su
gli strumenti musicali. Il Mersenne ebbe rapporti coi più celebrati
sapienti del suo tempo, Stuyens, Descartes, Doni ecc.
Il Mersenne stesso nell'opera sua dopo aver fatto un'accurata
descrizione di vari istrumenti, ha un accenno - un pò ironico forse
- alla *Lyra* del Doni: « il suffit d'avoir traitè des instruments qui
sont en usage en France et chez nos voisins, sans qu'il soit ne-
cessaire d'en inventer, ou d'en proposer de nouveaux, comme est
la nouvelle Lyre de Monsieur Doni dont il m'envoye le dessein,
parce qu'il appartient aux inventeurs d'expliquer ce qu'ils ont
trouvé afin qu'il ne reçoivent l'honneur entier »,

dition : et en cas qu' ou ne l' imprime point par de là de me le revoyer pour la mettre en lumière par ça ». Ma il signor Du Puy pare non si curasse troppo delle raccomandazioni del Doni giacchè questi, in un' altra lettera scritta ad un famigliare del Card. Barberini (1) in occasione dell' invio della sua posteriore opera *De Praestantia musicae reteris,* dice : « Si contenti di ricuperare da Monsieur Du Puy il mio libro sopra la *Lyra Barberina,* quando però l' Eminentissimo signor Card. Francesco non avesse caro che si stampasse costì che forse dopo aver veduto quest' altro 'che per la via di Roma gliene mando un esemplare) gliene potrebbe venir voglia, quando da V. S. o da altra persona idonea gli fosse messo in considerazione ». Ma questa volta il cardinale protettore non ebbe caro che l' opera si stampasse a sue spese ed essa vide solo la luce centotrent'anni dopo la sua composizione per merito dell' editore fiorentino Gori e per cura (vedremo non del tutto disinteressata) dell' abate Passeri.

Non pochi scrittori del secolo XVII e della prima metà del XVIII fanno laudativamente menzione della *Lyra Barberina* : la rammentano il Kircher nella sua *Musurgia* (2) e il Salvini (3) e il Manni (4). Curioso il giudizio ecpresso del Cionacci nell' opera : *Dell' origine e progressi del canto ecclesiastico :* « La Lyra Barberina, suono di corde a mano, ritrovato dal preclarissimo nostro G. B. Doni, dotto in Greco e in Latino, che ha scritto con tanta erudizione *De veteri musica,* strumento nato e morto col suo autore, solo perchè non ha lasciato nè in iscritto

---

(1) V. Bandini, op. cit. lett. CLXXI.

(2) Kircher — *Musurgia.* T. I.' Lib. VI. « Item Io : Bupstac Doni insignis huius temporis musici, Lyram Barberinam et Panharmoniam Chelyn, quam particulari libro descripsit ».

(3) Salvini — Note apposte alla *Perfetta Poesia del Muratori.* Lib. III, pag. 32.

(4) Manni — *De Florentinis incentis.* Cap. XXXVI,

nè a voce ai posteri il modo di maneggiarlo » Ora
codesto giudizio, giustissimo nella sua prima enuncia-
zione, è errato nell'esplicazione sua, perchè il Doni
ha nel suo trattato invece dedicato non pochi capitoli
alla pratica dello strumento di sua invenzione: è
chiaro che il Cionacci non ebbe conoscenza dello
scritto Doniano tuttora inedito mentre egli scriveva
(1). E la ragione della nessuna vitalità dell'invenzione Doniana sta — come appresso cercheremo ad-
dimostrare — nella falsità dello scopo che l'autore
si era con ciò prefisso. Per modo che di tutta quanta
quest'opera — voglio dire dell'invenzione della
Lyra e del trattato su di essa -- sopravvive solo
una parte, quella cioè che aveva servito a rintrac-
ciare le vicende della citarodia Ellenica e l'uso degli strumenti a corda dell'antichità.

Giovan Battista Doni non fu dunque musicista
di vocazione e di professione: solo in età matura
attese allo studio delle discipline musicali. Nella
sua adolescenza egli aveva preso una cognizione molto
superficiale, forse incompiuta, della teoria e delle
regole pratiche della musica, come pur s'addiceva
a un giovane bennato e fornito di solida coltura u-
manistica; nulla di più (2). Questo egli più volte asserisce e conferma nelle sue lettere e nei suoi scritti
e questo chiaramente appare a noi quando si consi-
derino attentamente e le sue vicende e l'evoluzione
progressiva della sua operosità intellettuale.

Fornito di un raro corredo di nozioni classiche,
espertissimo nelle lingue antiche, specialmente nel
greco, meglio e più che altri dotti suoi contemporanei fu indagatore sagace e diligente delle molteplici branche della vetusta civiltà.

Basti, oltre quanto abbiam detto, dare uno sguar-

---

(1) Cioé nell'anno 1682. La 1ª edizione della *Lyra* è del 1763.

(2) Nella prefazione ai Commentarii della *Lyra Barberina*, egli
infatti scrive: « *Cum igitur in musicis studiis tantum operae in ado-
lescentia potuissem, quantum satis erat homini liberaliter a parentibus
educato et Enciclopediae non prorsus ignaro* ».

do all' *Idea sive delineatio aliquot operum* (1), scorrere l'epistolario dell'autor nostro, per convincerci come egli all'inizio della sua carriera, non avesse fissato un argomento speciale e determinato cui attendere : tutto ciò che faceva parte della civiltà dell'antico mondo era, senza distinzione veruna, oggetto della sua attenzione e del suo studio.

Così oltre la celebre raccolta delle Iscrizioni (2), trattò, o ebbe in animo di trattare, i più disparati argomenti : carmi, epigrammi, discorsi accademici, trattati sul modo di rendere salubre la campagna romana, sulla scienza delle biblioteche, questioni filologiche, quali sulla vera e retta pronuncia delle tre lingue, Ebraica, Greca e Latina e perfino notizie sulla nautica antica.

Ora, come egli aveva dato opera a siffatti trattrati, indirizzò così in progresso di tempo la propria attività alla ricerca della teoria e della pratica musicale dell'antica Grecia, sia da prima con obbiettivo puramente storico, non diverso da quello con il quale altre parti dell'antica coltura investigava, sia di poi con scopo critico, sempre più manifesto e diretto a rinnovare e, secondo l'intendimento suo, a correggere la dottrina musicale de' suoi tempi.

Di tutte l'opere sue la maggior parte riguardano la musica; tali il *Compendio del trattato dei generi e dei modi della musica* (1635), *De praestantia musicae veteris lib. tres*, (1647), e più interessanti sono in quelle parti nelle quali il Doni assunse l'ufficio di storico e portò l'indagine nel campo positivo de' documenti de' quali ebbe notizia o per primo ritrovò e con indiscutibile scienza e coscienza fece oggetto di esame. Nell'altra parte nella quale egli si lusingò additare e apportare un'applicazione pratica delle

---

(1) *Idea sive delineatio aliquot operum quae Io : Baptista Donius partim absolvit, partim incepit* Si trova stampato nel primo tomo delle opere del Doni (Firenze 1763). Siffatti elenchi esistono pure manoscritti alla Vaticana e alla Biblioteca del Liceo Musicale di Bologna, sotto consimili titoli.

(2) *Io : Baptista Doni, Inscriptionum collectio quam ex variis scriptoribus marmoribus, et schedis eruit et in ordine disposuit.*

vecchìe teorie alle moderne, seguendo un fallace miraggio di restituzione del passato mondo musicale, non rappresenta più che un lato caratteristico della storia della nostra arte nel tempo suo.

Studiare del resto l'antica musica era per l'autore nostro argomento vivo e attuale e per la sua dottrina e per il suo grande sapere, cosa agevole e adattatissima. Non forse i suoi contemporanei avevano portato la propria attenzione su quell'ignorata plaga del mondo musicale Ellenico, che fu la tragedia che i dotti gentiluomini di casa Bardi s'illudevano di avere allora scoperta e rinnovellata ?

L'opera in musica non fu in verità che il risultato di un preteso ripristinamento letterario, un derivato d'una rivoluzione accademica, una reazione della poesia che si voleva liberare della sua schiavitù e agognava sferrarsi dagli stretti vincoli in cui l'aveva costretta ed involuta il polifonismo. È quindi naturale e facilmente presumibile che l'Opera sarebbe miseramente perduta se a infonderle energia veramente vitale non fossero accorsi geni fecondatori che, comprendendone davvero l'essenza, non l'avessero tolta dalla falsa posizione in cui era stata collocata sin dal suo nascere. E se, come giustamente disse il Crysander (1), l'accademia Fiorentina non avesse lavorato di fantasia, date le infondate premesse onde aveva mosso i suoi passi, lo scopo non sarebbe stato raggiunto.

Ora noi dobbiamo considerare il Doni sotto ben distinti aspetti : come studioso e illustratore erudito di tutto questo antico mondo musicale che si voleva far risorgere o si pretendeva almeno di aver risorto, come critico sottile di questo rinascimento musicale in Italia. In questo e per questo egli vuol essere considerato come un musicologo insigne ed un sagace esteta, e codesto lato della sua attività rappresenta la parte migliore e, se non m'inganno, non peranco ben nota della sua operosità.

---

(1) Fr. Chrysander, G. Fr. Händel, Lipsia, 1858, vol. I.

Se non che egli non si limitò a questo, ma lo spirito sottile e critico di che era fornito, lo condusse ben presto a divenire iniziatore e apostolo di un novello e più integrale rinnovamento dell'arte musicale Ellenica, ad additare e correggere i difetti, le manchevolezze e le inesattezze che l'arguto suo intelletto e la sua vasta dottrina riscontravano nella ripristinata monodia. Nè fu pago a circoscrivere le sue critiche e i suoi suggerimenti a una determinata forma — l'Opera, — ma v'involse e vi comprese tutto il complesso edificio dell'arte de' suoni.

Egli pertanto divenne uno scienziato della musica, non partendo da nozioni profonde dell'arte de' tempi suoi per risalire con l'indagine e con l'investigazione al mondo musicale dell'antichità, ma, convinto che la musica Greca dovesse essere ripristinata nelle sue forme e ne' suoi spiriti, in una parola, nella sua interezza, s'impossessò della teoria dell'antichità e pretese sovrapporla, anzi imporla, a quella della musica de' tempi suoi; sino a pensare all'invenzione e alla costruzione di nuovi istrumenti che, foggiandosi su gli antichi, si prestassero alle nuove esigenze di questa musica che si distingueva col qualificativo di erudita (1).

In siffatte pretese sta l'errore del Doni e in questo errore sta la ragionevole esplicazione delle teorie ch'egli ostinatamente professò e praticò.

---

(1) Interessantissime a tal riguardo sono le lettere di Pietro della Valle al Doni, pubblicate dal Solerti nella *Rivista Musicale Italiana*, 1905, vol, XII, fasc. 2. (Lettere inedite sulla musica di Pietro della Valle a G. B Doni ed una Veglia drammatica-musicale del medesimo). In esso l'A. lamenta spesso col Doni, la mancanza di istrumenti adatti a rendere siffatta musica. « La difficoltà sta negli istrumenti che non ci sono e non c'è chi li faccia », (lett. 4, ibid.) a altrove : « Però circa il comporre in questa guisa tutti imputano nel mancamento degli istrumenti idonei », (lett. 7. ibid.). Ma non é da supporre che per queste reiterate lamentele il Doni si decidesse alla costruzione della sua *Lyra*, poichè quando il Della Valle inviava a lui queste lettere, l'istrumento Barberino era stato già da tempo inventato. A chi legge codeste lettere, non certo può sfuggire il senso di profondo sconamento che in esse si rivela per la scarsa fortuna che la *musica erudita*, ad onta di tutto lo zelo de' suoi sostenitori, incontrava presso i contemporanei.

E però per siffatte considerazioni noi possiamo ben definire il Doni un umanista vero e proprio della musica, giacchè nella mania di resurrezione e di restaurazione dell'antica musica egli operava nella stessa guisa che i fanatici filologi del secolo XV operavano nella letteratura. Quello solo era eccellente che era stato fatto dagli antichi, quello solo occorreva imitare, evocare dalle tenebre e far rivivere.

Si voleva saltare a piè pari tutto il Medioevo, quasi che lo spirito umano non si fosse, sia pur tardamente e nascostamente, evoluto E non s'accorgevano — dice un illustre storico moderno (1) — che « le loro imitazioni e riproduzioni venivano animate da uno spirito nuovo, che n'andava svolgendo da prima invisibile e nascosto, per liberarsi poi ad un tratto dalla sua crisalide, uscendo alla luce in una forma nazionale e moderna. »

***

L'autografo della *Lyra Barberina* del Doni esiste nella Biblioteca Oliveriana di Pesaro (2). Di esso certamente l'abate Passeri (3) si servì per l'edizione fiorentina stampata dal Gori nel 1763.

È per l'argomento nostro del maggior interesse conoscere come questo autografo arrivasse nelle mani

---

(1) Pasquale Villari, *Nicolò Machiavelli e i suoi tempi*, Milano 1895.

(2) Credo d'essere stato il primo a darne notizia in un articolo: *L'autografo della « Lyra Barberina » di G. B. Doni*, stampato in *Nuova Musica*, vol. IV, serie 10 Anno X, n. 114 e che riporto qui quasi integralmente.

(3) Giovanni Battista Passeri curò l'edizione delle opere del Doni insieme al dotto bolognese P. G. B. Martini. Questi fu per il Passeri, poco o nulla esperto in fatto di musica, più che altro un consigliere efficace e prezioso, Il Passeri era nato a Farnese, in quel di Roma, il 10 novembre del 1694, dove suo padre, oriundo di Pesaro, esercitava la professione di medico. Inviato per la carriera di giureconsulto a Roma vi studiò, con grande amore e con entusiasmo, l'antichità nella quale fu ritenuto universalmente competentissimo. Ammogliatosi prese stanza a Pesaro dove esercitava l'avvocatura senza perciò trascurare i suoi studi prediletti. Nel 1738 rimase vedovo e si fece ordinare prete ; ricoprì importanti ca-

dell'Olivieri (1) a mezzo di astuti raggiri dell'Abate Passeri che, preso com'era da uno sfrenato amore per la raccolta di antichi codici e di cimelii preziosi, gli fu cooperatore efficacissimo nella costituzione del suo museo e della sua biblioteca. Nel primo volume dell'edizione fiorentina (2) al capitolo intestato: *De Lyra Barberina curae priores quarum autographum Romae extat in Barberina biblioteca*, il Passeri dopo un breve cenno laudativo all'invenzione dello strumento Doniano, scrive: *Pontifex ipse Donium laudavit, iussitque ut inventum suum exponeret, deque veteri Lyra dissereret: quod fecit priorem illam veteris Lyrae adumbrationem et a se inventae descriptionem obtulit, dedicavitque Maecenati suo quae recondita est in Barberina biblioteca. Sed in patriam reversus Donius, alterum commentarium luculentiorem exaravit quem nos, non quidem eius manu sed eius amanuensis scriptum invenimus: qui ille ipse est, quem supra dedimus atque ab oblivionis tenebris erutum luce donavimus.*

---

riche ecclesiastiche, strinse amicizia intima con l'Olivieri o col Gori e in quest'epoca si assunse l'incarico di pubblicare opere inedite di illustri scrittori, « meno inteso — dice il Weiss — alla sua gloria che a quella degli amici suoi ». Fu socio delle Accademie di Londra e di Olmütz, ottenne dal Granduca di Toscana il titolo di *antiquario* e Clemente XIV lo fece Pronotario Apostolico. Morì in Pesaro in seguito ad una caduta li 4 febbraio 1780. La riputazione che in vita avova goduto come archeogo, non si sostenne a lungo: trascinato dall'impeto della sua imaginazione egli emise — e non sempre forse in buona fede — opinioni errate e ammise fatti insussistenti.

(1) Annibale Camillo Olivieri degli Abati era Pesarese: nacque di nobile famiglia nel 1708, s'applicò sin dalla giovinezza allo studio dell'antichità e a tal uopo dimorò lungamente a Roma. Fattosi ecclesiastico avrebbe potuto con facilità essere innalzato alle più alte dignità e aspirare a grandi onori. Si contentò invece di tornare in patria per darsi a ricerche di archeologia. Godeva dell'amicizia de' più dotti uomini del tempo suo, il Fantuzzi, Apostolo Zeno, il Tiraboschi, ecc. Morì il 19 settembre del 1789 lasciando alla sua città natale una ricca collezione di antichità, di medaglie, di quadri e una considerevole biblioteca.

(2) V. pag. 414.

Più oltre è detto ancora, che lo schema dell' o-
peretta del Doni fu rinvenuto da Simone Ballarini,
prefetto della Biblioteca Barberina e rammentato
la prima volta da Angelo Maria Bandini Infatti
questi, nel suo volume *De vita et scriptis Io: Batp.
Donj*, riferisce — come cosa però non sicura — che
l' autografo della *Lyra Barberina* doveva trovarsi
in possessione del Nauden o del Cardinale Barberini
stesso, presso i quali certo negli ultimi anni della
vita del Doni, come da sua lettera appare, esisteva (1).

Giova notare che il Bandini scriveva questo, otto
anni prima della stampa delle opere Doniane. Nella
quale, dal confronto fatto al luogo su citato, fra le
curae priores e il testo, che egli asserisce aver tratto
dalla copia dell' amanuense da lui trovata, appaiono
poco notevoli differenze. Invero si tratta di scarse
aggiunte, dovute soventi volte più che ad altro, a
una lodevole ricerca di rendere più rotondo e snello
il periodo ed elegante lo stile.

Se non che alla Vaticana non risulta nessun
autografo del Doni sull' argomento, autografo che
pure dovrebbe trovarsi, stando alle relazioni del Passeri e dello stesso Bandini. Esiste però la copia della
Lyra Barberina compiuta dall' amanuense (2) la
quale, ritrovata dal Passeri, avrebbe servito alla
stampa.

Ora grande è stata la mia maraviglia, allorchè
nel ricercare alla Biblioteca Oliveriana di Pesaro,
tra vari documenti, notizie intorno l' edizione fiorentina, mi fu dato di scoprire tra manoscritti, l' autografo del Doni, invano rintracciato alla Vaticana.
Che questo autografo fosse lo stesso che il Passeri
e il Bandini rammentano e che quegli aveva colle-
zionato con la copia che per la stampa aveva servito,
facilmente potei convincermene risultando in esso
tutti que' passi omessi nell' edizione da lui curata.

_____

(1) « Fortasse eius autographum vel apud Naudeum vel apud
Barberinum Cardinalem remansit. Constat enim ex Donii epistola
paullo ante quam e vivis excederet exarata, opus suum penes eos
fuisse ».

(2) A Catalogo: *Barb*. XXIX — 241; *Lat.* 1897 — c. 89.

Si trattava adunque dello schema della *Lyra*
che io aveva rinvenuto all' Oliveriana, laddove, non
ostante le asserzioni fatte, alla Vaticana ne esiste
solo la copia nella sua, per dire così, seconda edizione, fatta dall' amanuense.

Ma v' ha di più: mentre in questa i capitoli
sono in numero di tredici, nella stampa, e nell'autografo sono quattordici. Se ne intuisce per ciò che
l' edizione, sebbene condotta, sulla copia dell' amanuense, è stata confrontata e completata mercè il
codice autografo.

E come mai codesto autografo potè pervenire
nella Biblioteca Pesarese? Un po' di luce faranno
i documenti che qui riporto.

Nei cinque temi delle lettere inedite del Passeri
all' abate Olivieri, che — come sopra ho detto —
molto si valse dell'opera dell' amico nella forma-
zione della sua biblioteca, il primo accenno all' e-
dizione Doniana è del 26 settembre del 1761.

Il Passeri scriveva a lui da Bologna: « Il fratello di Gori mi ha mandato un altro impiccio che
mi dà da pettinare. Il fratello trent' anni fa cominciò
l' edizione di tutti i trattati di musica antica del famoso Gian Battista Doni, collettore delle Iscrizioni.
Ne stampò due tomi in foglio, ma l' opera restò imperfetta perchè Gori dette le mani su mille altre
cose. Si vorrebbe ora terminare e pubblicare, e mi
si manda a me che sinora dei scartafacci ho trovato
da supplire tre lacune di stampa. Ci ho fatto un pò
di Prefazione e mi restano gli Indici per i quali mi
aiuterà il famoso maestro Martini, che avendo notizia di questa dottissima collezione, la esalta alle
stelle. Ma non raccapezzo i rami di antichità che il
Doni cita e vedo che Gori aveva idea di porvene
degli altri. Ho scritto a Firenze su questi dubbii, ma
se non mi appagano converrà che dai tesori che cita
il Doni ricavi le tavole secondo la mente dell' autore.
*Vorrei che mi restasse in mano l' originale tutto
schiccherato e mal condotto De Lyra Barberina e
farlo ben rilegare e porlo nella nostra libreria.* In
quest' opera c' entrerà il mio nome onde accresce-

remo la sobria scansia de' Scrittori Pesaresi. In fin del secoudo tomo vi son trattatini di varî autori sopra la musica e di istrumenti antichi ·.

Più chiaramente ancora in una seconda lettera del 23 novembre dell'anno dopo, il Passeri inviando da Ferrara alcuni libri all'Olivieri a mezzo di suo figlio Francesco Saverio, scriveva: « Riceverà tre altri libretti uno dei quali è il rarissimo *De praestantia musicae veteris....* L'altro libro non è raro ma singolare poichè è *l'istesso originale della* Lyra Barberina *di carattere del Doni che viene ad accrescere la povera serie de' nostri manoscritti* ».

È probabile che il Passeri, il cui amore pe' libri non rade volte si esplicava in una aperta e sagace e ardita cleptomania, sotto specie di volere e di dover consultare gli autografi e i codici Doniani, avesse trovato modo di averli tra mano per mezzo del Gori stesso. Avutili, non gli parve vero di farne un presente prezioso e gradito al dotto amico abate Pesarese. Col temporeggiare e traccheggiare e brigare qualcosa pur doveva rimanergli in mano. Nè s'ingannò.

Il Gori, però, da Firenze reclamava da lui insistentemente la restituzione di quei « suoi libercoli come preziosi avanzi » onde il 20 aprile del '63 egli era costretto di ridomandarli all'Olivieri: « Ho rossore di dirle che il fratello di Gori rivuole quei due libretti della *Lyra Barberina*, dicendo che non può andare avanti nella stampa se non li ha tutti e due, uno manoscritto ed un altro stampato. *Io volevo tirare in lungo,* ma mi tempesta di lettere, onde mi faccia la carità di tagliarli le coperte e di consegnarli alla posta per togliermi d'attorno questo fiotto ».

Tutto ci fa poi credere che dei libretti del Gori, uno, e cioè il *De praestantia musicae veteris,* fosse restituito, l'altro rimanesse — chi sa per quali circostanze — in mano del Passeri.

Invero questi scriveva da Ferrara all'Olivieri il 19 gennaio del '64 « da Firenze ho avuto il ben stampato corpo della *Lyra Barberina* che ho dato

a legare per mandarglielo: ma con Gori è morta
costì la lingua latina ed in quel poco che si è stampato dopo di lui, che è correttissimo, hanno fatto molti
errori.... *A me resta soltanto l' esemplare servito per
regolare l' edizione* et avrà di più il mio manoscritto
del *Lexicon Musicum* che non ho finito a tempo e
lo compirò a tempo perduto. *A lei tornerà l' originale del Doni, che è pervenuto di nuovo in mie mani
e che collocherà fra i manoscritti* ».

Se io non m' inganno, tutto fa credere che il
Passeri si servisse tanto dell' autografo che della
copia della Vaticana per l' edizione dell' opera Doniana. In ogni modo nel codice Oliveriano esistono
per intero tutti quei periodi in più e quelle modificazioni che il Passeri diligentemente annota nel capitolo dedicato alle *Curae priores*. Solo che i periodi più lunghi e le modificazioni più importanti
portano nell' autografo un segno di cancellatura evidentemente fatta d' altra mano e le carte, nelle quali
era tutto scritto il capitolo X.° a stampa, sono state
tagliate.

Quale la ragione di questa falcidie non saprei
veramente, ma che il fatto stia così me ne sono
convinto verificando e confrontando alcune parole o
parti di parole che lungo i margini de' fogli recisi
ancora si leggono.

Certo è che codesto autografo Doniano con tanta
scaltrezza tolto dal Passeri al buon Gori è stato pa-
recchio manomesso e raffazzonato.

Senza dubbio gli eruditi antiquarii del sette-
cento avevano per tale riguardo una coscienza assai
meno sensibile e netta de' nostri moderni bibliofili
filologi. Ma comunque la biblioteca Oliveriana deve
oggi alla sapiente astuzia del buon abate il possesso
di uno de' più ragguardevoli autografi del dotto patrizio fiorentino.

Codesto codice, legato in pergamena, porta a
catalogo il N. 68. Le prime due carte sono state aggiunte posteriormente dal Passeri. Nella prima si
legge: « *Io: Bapt. Passerius Pisaurensis | Lyrae*

Barberinae autographum | *a Cl. Io : Bapt. Donii* | *propria manu exaratum* | *absoluta curis suis eiusdem operis ac caeterorum Donianorum editione* | *Annibali de Abbatibus Oliverio* | *patr. Pisaurensi de patria ac de se* | *optime merito D. D. D.* ».

Nella seconda : « *Annibali de Abbatibus Cam. F.* | *Oliverio patr. Pisaurensi* | *Lyrae Barberinae* | *Io : Bapt. Doni flor.* | *autographum* | *Io : Bapt. Passeri s I. C. Pisaur.* | *Cuius ope cum caeteris eiusdem* | *auctoris scriptis publicatum est* | *D. D.* ».

Un foglietto di carta — di assai minori dimensioni degli altri — porta, vergate di bella mano e ornate di figure e di geroglifici, due curiose iscrizioni (1) superlativamente laudative. Di chi siano le iscrizioni non so. Certo contemporanee al Doni, ma è forse troppo azzardato e poco rispettoso il supporre che sia sua una glorificazione così sfacciata della propria invenzione. Amiamo ritenere che fosse opera di qualche suo entusiasta ammiratore a cui magari il Doni si sarà rivolto per avere un' iscrizione da opporre ai suoi Commentari, nell' istesso modo che, come fra poco vedremo, egli si rivolse per l' istesso scopo ad altri per avere un epigramma greco. Certo in queste due iscrizioni tutti i fronzoli e gli orpelli della retorica secentesca sono profusi a piene mani.

S' inizia poi il testo della *Lyra Barberina* che comprende quattordici capitoli, oltre la dedica e la

___

(1) La prima dice : *Expecta viator et specta Lyra Barb rina est* | *cave ne audias Immobile namque sisteret corpus et supra Mobile avolaret Spiritus* | *Immo aude et audi* | *ut Caelestis anima ad Coelicos scandeat* | *non a corpore rupta sed rapta* | *miram dum fidem regit Barberinus sceptro* | *Barberinae fides personant plectro* | *Siq. Phoebo illam* αιλβαϑ *donavit* | *Hac sacro radianti Appollini dicavit* | *Io : Bapt. Donius* | *Ergo* | *Sive spectes Sive auscultes* | *Donum et Donium, venerare viator* (Qui è la figura d' un' aquila) *Hare cave viator* | *attende marmori ne turber murmure Lydium alibi colligunt sudorem* ' *Apes hic fundunt melos* | *Mirabile memorabile.* L' altra : *Vives Lyram non Cyllenicam* ' *silet namque Arcada* | *Dum Romae nascitur Amphichordica Potis olympi delectare* | *Satis Erebo delectare* | *Portes non ultro pöetae Barbitori iactant* | *sed Barberinum tractant Ioannes Bapta Donius struxit Mercurius alter non Majae sed Major* | *Hoc te scientem volui* ; *non abi ?* | *Quid si audires, quando legens sistis ?* | *Abi.*

prefazione. Tutte quante le carte però non sono di
mano del Doni; alcune probabilmente furono trascritte
dallo stesso amanuense che vergò la copia ora esistente alla Vaticana. La parte autografa è piena di
scancellature, di correzioni e di sgorbi, onde il Passeri la disse tutta *schiccherata*.

Dopo la *Lyra*, è inserita una *Interpretatio vocum musicarùm Graecarum et Latinarum obscuriorum* che fu dal Passeri medesimo totalmente sfrut-
tata per il suo *Lexicon Musicum* il quale, come
dice una sua lettera in precedenza citata e una in-
testazione fattavi, *paraverat ad ornatum operum
Donianorum de musica veterum* (1). Oltre i disegni
poi della Lyra, riportati quasi tutti pure nell'opera
a stampa, si trovano alcune carte che si possono
leggere nel suo *Discorso quinto* « In quanti modi si
possa praticare l'accordo perfetto nelle viole ».

Sono infine due lettere — ignoro a chi indiriz-
zata — delle quali una a me pare di grande importanza per la maggiore conoscenza delle idee e degli
intendimenti dell'autore intorno questa sua geniale
operetta :

M.to Ill.mo e l'ad. mio Oss.mo

Confidato nell'amorevolezza di V. S. e nella
professione che sa di favorire quelli che attendono
allo studio delle lettere e hanno per le mani qualche
virtuosa fatica, ricorro al suo mezzo ed aiuto per a-
vere un poco di lume dei libri Greci scritti a mano
concernenti la musica, che si trovano in coteste li-
brerie e massime in quella di S. Lorenzo, dove credo
senza fallo, che se ne trovi qualcuno.

Desidererei dunque di sapere principalmente se
ve n'è alcuno d'antichità considerabile in quanto al
carattere, e se vi, fusse qualche Anonimo vorrei, che
mi favorisse di mandarmene qualche saggio, cioè il
principio e la fine con qualche passo infra mezzo,
per poter confrontarlo con quelli che sono qua : e
se vi fusse qualche testo di Boetio *de Musica* di

---

(1) Vedi appendice,

molta antichità : desidererei parimente d'averne avviso da lei. Le fatiche che ho per le mani in questo genere, sono tali che forse son meritevoli di ricevere da parte di V. S. quelli aiuti che indarno spererei da altri. Fra le quali spero che presto ne uscirà una sopra un nuovo strumento ritrovato da me e chiamato *Lyra Barberina* per essere insieme con l'opera dedicato alla S.ᵃ di N. S.re benchè altrimenti si dica un Anficordo perchè ha le corde da due bande; da una cioè di minugia come il liuto e dall'altra di metallo come la Pandora con altrettanti manichi, de' quali quello che serve alle corde di metallo è diviso in diesi enarmoniche. In questo istrumento (il quale è riuscito di soavissimo suono) ho preteso di rinnovellare la Lyra antica non m'obbligando però del tutto a quella forma : ma ben d'imitarla con aggiunta d'altre invenzioni all'uso moderno come Ella può conoscere da questo poco di schizzo che glie nè invio (1).

Et perchè con tale occasione mi è venuto compito un'operetta di giusta grandezza che sarà curiosa senza fallo, perchè vi tratto degli strumenti antichi e della loro citarodia, con molte cose utili per illustrare questa professione e qualche passo notabile di scrittori antichi greci, non stampati, oltre un buon numero de' termini di quest'arte espressi con voci greche e latine proprie e eleganti, de' quali ne ho aggiunto alla fine un'onomastico con alcune poche latine messe in musica con l'osservanza delle quantità le quali fanno mirabile effetto, ho disegnato nobilitare quest'opera per cagion massima della persona a che è dedicata, con qualche componimento poetico di soggetti scelti. Fra quali subito mi si presenta V. S. e la sua esquisita erudition stimata e conosciuta da me al pari d'ogni altro Però vorrei ch'ella si degnasse d'illustrarla col un epigramma greco come più a lei piacerà Ch'io l'assicuro che me stimerò molto onorato e favorito. Con che gli bacio affettuosamente le mani

(1) Non esiste però nella lettera, nè dentro il codice.

me li offero prontissimo a servirla qui in quello che
mi giudicherà buono. E N. S.re Iddio la conservi
lungamente per gloria e beneficio della sua patria.
D. V. S. M.to Ill.mo.

aff.mo Ser.

Gio. Batta Doni.

m. p.) Alla quale fo di nuovo riverenza pregandola
a scusare il mio ardire con la solita sua gen-
tilezza.

Di Roma questo dì 4 di nov. 1633.

L' iscrizione greca nel codice Oliveriano si trova,
ma non è stata riprodotta nell' edizione a stampa :
essa suona presso a poco così : « Non ti dar vanto
o Ermes del suono di tua *Lyra*, poi che il Doni con
la sua più eccelle ». I versi latini invece non esistono affatto (1).

Ed ora perchè mai, ci domanderemo, il Passeri
(chè vogliamo supporre il dotto musicista Bolognese,
P. Martini, curatore egli pure dell' edizione fioren-
rentina, del tutto ignaro della cosa) volle e potè in-
fiorare il suo elegante castigato latino di tutta quella
serie di bubbole in riguardo i manoscritti e l' edizione da lui curata della *Lyra Barberina*, renden-
dosi ben colpevole di lesa verità dinanzi al severo
e scrupoloso tribunale della filologia ?

Già ho toccato sopra della natura del Passeri
e della fama che egli godeva in fatto di bibliofilia :
è da supporre inoltre che se con qualche arte egli
aveva potuto in cotal guisa trafugare l' autografo

_____

(1) La mancanza di questi versi latini nella precedente lettera
rammentati è deplorevole. In una lettera allo Scioppi - della quale
| arte riporterò più oltre - il Doni spiega anche più chiaramente in
cosa essi consistessero. Egli infatti scrive : « *tum etiam poematia duo
musicis modis ita aptata* (addidi), *ut quantitatis syllabarum ratio, atque
emendatae pronuntiationis servetur : quae res nemini, opinor, hactenus
tentata, felicissime cessit ; siquidem vel ipsi fatentibus musicastris, quibus
res perabsurda videbatur, sic rythmi lex servata est, ut melos quoque sua-
viter utrobique flueret* ». E l' esame di questo tentativo Doniano sarebbe certo riuscito interessante.

Doniano, doveva avere le sue buone ragioni per fare
ignorar altrui la cosa e, forse avrà pensato che, dopo
tutto, il codice esisteva sempre e che si fatte bugie
letterarie non facevano male a nessuno.

***

I Commentari della *Lyra Barberina* (1) che il
Doni - se dobbiamo credere al Passeri (2) - per in-
citamento di papa Urbano VIII scrisse ad illustrazione dell'invenzione del suo istrumento e che -
secondo il nostro avviso - debbono piuttosto ritenersi quale il resultato degli studi fatti dall'autore
intorno alla citaristica Ellenica prima di addivenire
all'idea e all'invenzione della Lyra stessa, si di-
vidono nettamente in due parti (3).

Nella prima delle quali, a mezzo di testimonianza di antichi autori, si fanno diligenti indagini
su gli antichi strumenti a corda, intorno ai loro
specifici caratteri, intorno alle particolarità del loro
uso; nell'altra si descrivono con minuziosa cura e
si fanno risaltare con singolare compiacenza le doti
speciali del nuovo strumento, mostrando come esso,
pur rispondendo ai criteri dell'antica citaristica, si
adatti all'esigenza di quella nuova e moderna pratica musicale di cui il Doni era fervente propugnatore. Noi pertanto esamineremo avanti tutto i primi
otto capitoli onde questa parte si compone, riferen-
done quei passi che maggiormente hanno interesse
e formano un vero e importante studio storico intorno all'antica citaristica; dell'altra ci conteremo
di dare un breve riassunto.

_____

(1) Lyra Barberina — ΑΜ ΙΧΟΡΔΟΣ A Joanne Baptista Donio
— Patricio Fiorentino — inventa — et Santissimo D. N. — Urbano VIII Pont. Max. — dicata — Florentiae — Typis Caesaris
— 1763.

(2) Pontifex ipse Donium laudavit, iussitque, ut inventum
suum exponeret, deque veteri Lyra adumbrationem, et a se inventae descriptionem obtulit dedicavitque Maecenati suo.

(3) Lo stesso Doni del resto nella prefazione alla *Lyra* dice
di essersi accinto a scrivere i Commentari « *partim ut celeberrima
haec instrumenta* (Graecorum), *quibus nihil frequentius apud auctores
occurrit, exactius cognoscerem; partim ut Barberinam Lyram, cuius spe-
ciem ex tenuioribus antiquae Lyrae duotum vestigiis meo marte excogi-
taveram, atque expoliveram, quam maxime nobilitaremus* ».

« Coi nomi di *Lyra, Cithara, Chelys, Testudo, Phorminx, Citharis*, gli antichi indicavano strumenti musicali della stessa specie, ma che pur fra loro differivano : affini a questi erano il *Psalterium*, la *Magadis* e la *Sambuca* ».

« Senza dubbio fra *Lyra* e *Cithara* v' era una differenza notevole. Basterebbe a farlo credere la tradizione che vuole quella inventata da Mercurio e questa da Apollo. Tuttavia fra altri Vincenzo Galilei emette nel suo *Dialogo* (1) l'opinione ch'esse fossero identiche ; ma l'opinione è fallace. Infatti è verissimo che col verbo κιδαρίζειν i Greci significavano il suonare strumenti a corda, ma codesto verbo ha carattere essenzialmente generico, di significato identico a quello che esprimevano i Latini colla frase *fidibus canere*. Non forse colla parola λυροποιος e non con quella κιδαροποιος s'indicavano i fabbricatori di tutti gli strumenti così fatti ? ».

« Psello (2) in alcuni eruditi frammenti riguardanti l'antica dottrina musicale, divide la organologia in tre specie : *Citarodia, Lirodia, Aulodia* : è quindi da arguire esserci stato un ben ragguardevole divario fra codeste specie, se potevano derivarne strumenti affini da ascriversi a ciascuna di esse ».

« *Chelys* e *Testudo* erano invece identiche : infatti il primo vocabolo greco corrisponde nettamente al secondo latino. Convien però dire che presso molti autori greci per indicare la *Lyra* si trova la parola *Chelys* e sbaglia di molto lo Scaligero (3) quando

---

(1) Nel *Dialogo* del Galilei lo Strozzi dice al Barbi : « Sete adunque di parere che la Lira et la Cithara, fusse l' istesso strumento appresso gli antichi musici Greci et Latini ». E il Bardi risponde : « Non ne ho quasi dubbio alcuno, per i molti riscontri d' autorità, ancora che Pausania dica esser stata ritrovata da Mercurio la Lira et da Apollo la Cithara ». Oggi si è nella convinzione che la *Cithara* non fosse che una *Lyra* perfezionata.

(2) Michele Psello, teologo e filosofo bisantino dell' XI secolo autore della « *Scropsis in Aristotelis logicam* ».

(3) G. G. Scaligero, vissuto nella seconda metà del '500, fu celebre filologo.

confonde la *Chelys* con la *Cithara* invece che con
la *Lyra* ».

« Lo strumento invece che molto era affine alla
Cithara era la *Phorminx*, laddove la *Citharis*,
benchè sembri dal nome derivare dalla *Cithara*, era
più simile alla *Lyra* e di questa di minori dimensioni. Il nostro *liuto* (nome derivato dal tedesco o
dal mauro) non fu in fondo che una specie dell' antica *Lyra* ». Il Doni infine suffraga le sue asserzioni con la citazione di autori greci e rammenta
la nota leggenda dell'invenzione della *Lyra* fatta
da Mercurio.

Se — come è detto altrove in questo studio —
il Passeri che curò l'edizione dell'opera Doniana,
avesse potuto ritrovare e riportare tutte le figure su
cui il Doni appoggia i suoi argomenti, assai più
ovvia sarebbe l'intelligenza del secondo capitolo di
questi Commentari nel quale l'autore studia le varie
figure della *Lyra* e della *Cithara* antiche.

L'autore comincia ad esaminare le figure della
Lyra e della *Cithara*, per dir così, poetiche, non
quelle che erano in uso presso i Greci e i Romani,
mentre erano in vigore le arti musicali, e a tal
uopo si riferisce fra altro ad una pittura rappresen-
tante una fanciulla che suona una *Cithara* a sette
corde, ed un'altra di una *Lyra*, esistente in un sar-
cofago Bresciano, stranamente assomigliante al liuto.
Passa quindi alla critica di un' opinione dello Scaligero intorno alla figura della *Lyra* e della *Cithara*. « Lo Scaligero pensava che la forma della
Lyra attribuita dalla leggenda a Mercurio fosse
molto simile a quella che si dipinge nelle figure
astronomiche e che la *Lyra* più moderna (*Lyra
posterior*), quale trovasi nei marmi e nelle monete,
non fosse da questa punto diversa, fuorchè nella
mancanza di cassa armonica. Lo Scaligero ammette
in fine che la *Chelys* — o *Cithara* o *Phorminx*
(abbiam visto già che le crede identiche) — abbia
come la *Lyra* di Mercurio la cassa armonica, ma
invece delle *corna* possegga uno speciale manubrio
alla cui cima sono fatti passare dei piccoli paletti ».

« Ora — ribatte il Doni — non v'è cosa più insulsa che uguagliare la *Chelys* o *Testudo* con la *Cithara*; dalle figure astronomiche è vano indagare la vera forma della *Lyra*, poichè in esse si è più badato nel determjnarle alla situazione degli astri che ad altro, e la *Lyra posterior*, quale si vede nei prischi monumenti, e che è molto difficile distinguere dalla *Cithara*, non è vero che fosse priva di cassa armonica ».

« In verità se tanto la *Lyra posterior* che la *Cithara* fossero state prive di cassa di risonanza non potrebbe essere ammesso il loro uso nei teatri ove sappiamo esser state entrambe assai comuni. Infatti il loro suono in tal caso sarebbe stato così fioco, che gli spettatori più lontani non l'avrebbero potuto sentire ; e Aristide Quintiliano (1) stesso ci fa sapere che il suono di quegli strumenti era invece assai forte. Nè ha valore alcuno l'obbiezione che a rendere il suono più inteso in questi strumenti contribuisse la grossezza delle corde in compenso della loro poco lunghezza, come avviene nelle viole che, come l'antica *Lyra*, hanno il fondo della cassa armonica piuttosto grosso ».

« È importante, sopratutto a tale proposito, un passo di Aristide Quintiliano nel quale si attribuisce alla *Lyra* un carattere maschio a cagione del vigoroso timbro del suo suono e alla *Sambuca* un carattere femmineo a cagione della sua voce debole e acuta mentre la *Cithara* s'accosta per tale riguardo piuttosto a quella che a questa ».

« È da aggiungere infine che in antichissimi secoli i Cretesi usavano durante le battaglie — secondo la testimonianza di Plutarco — la *Lyra* in luogo della tromba e così pure quei di Sparta. Ora tutto questo prova che la voce di essa non doveva certo essere debole. E mi meraviglio assai che il Galilei — così dotto e saggio — creda che la

_____

(1) Fiorì nel 1.º secolo av. C. Fu autore d'un trattato « De Musica ».

Cithara fosse priva di cassa armonica e potesse per ciò essere suonata dall'una e dall'altra parte ».

« Resta dunque fermo che la *Chelys* (o *Testudo*) era identica alla *Lyra* la quale differisce dalla *Cithara* benchè, per il fatto che questa aveva una specie di cassa armonica, si trovi qualche volta designata col vocabolo *Chelys* ».

Data così notizia dei principali istrumenti a corda degli antichi, l'autore passa alla disertazione degli altri di specie affine. Questa distinzione concorda perfettamente con quella che pur nei trattati di organologia moderna si riscontra.

Infatti, per quanto in tutti i rami della civiltà i Greci abbiano subìto l'influsso dei popoli dell'Asia occidentale, tuttavia nella musica essi molto fecero da sè stessi: così che dei molteplici strumenti a corda ch'essi possedevano, i principali (tali la *Lyra* e la *Cithara* e quindi le loro diverse varietà) sono da considerarsi indigeni e gli altri di origine asiatica: a questa seconda classe appunto appartengono, secondo il Gevaert (1), la *Pectis*, la *Magadis*, la *Lyra Phoenicia*, la *Sambuca*, la *Barbitos*, la *Trigone*, strumenti che tutti, o quasi, il Doni raggruppa nel terzo capitolo dei suoi Commentari. « Il *Psalterium*, ha nome certamente d'origine greca (ψαλτω), ma in verità esso veniva d'Oriente. Gli Ebrei, i Fenici, i Greci stessi e i Latini — ad esempio Ovidio — l'indicarono coi nomi *Nebla*, *Naula*, *Noblia*, *Nebel* e mentre alcuni credono ch'esso venisse dalla Fenicia, altri lo fanno derivare dalla Cappadocia ».

« Da quanto dicono i commentatori della Bibbia intorno al *Psalterium*, si deduce che la cassa di risonanza di questo strumento era posta nella parte superiore, a differenza della *Cithara* che l'aveva nella parte inferiore e — secondo la testimonianza

---

(1) Gevaert F. G. *Histoire et théorie de la musique de l' antiquité*, vol. II.

di Gerolamo (1) — il *Psalterium* possedeva un suono assai migliore di questa con cui pure aveva qualche somiglianza; anzi era chiamata *Polyphtongum* e Plutarco col nome generico di *Psalteria polyphtonga* indicava anche la *Pectis*, la *Sambuca* e la *Trigone*: così che il vocabolo *Psalterium* aveva carattere antonomastico. Nessuno però lo descrive tanto bene come l'autore delle *Epistolae ad Dardanum*, il quale dice che il *Psalterium* aveva la forma di uno scudo quadrato e possedeva dieci corde. Certo presso i Greci e Romani esso ne possedette in numero maggiore e questo lo attesta il qualificativo di *Poliphtongum* datogli, e il fatto riferito da Ateneo (2), che Alessandro Citherio lo arricchì di parecchie corde. Esisteva pure un *Psalterium* più acuto nel quale si trasmutò poi l'*Epigone* (3) ».

« La *Magadis* è da molti confusa con la *Pectis* e con la *Sambuca*. Aristosseno ci dice che essa si suonava senza plettro e Anacreonte le attribuisce venti corde; non mancano quelli che riferiscono ch'essa fu in progresso di tempo chiamata *Psalterium*. »

« Perchè *Magadis*? Pare che questo nome derivasse da Magadia, città della Tracia, e lo strumento a corde quadrato attribuito a Orfeo doveva essere o una *Magadis* o un *Psalterium* che assai le somigliava. Conviene inoltre ricordare che Orfeo era d'origine Trace ».

La vera figura della *Magadis* — secondo l'opinione del Doni — è quella che si vede dipinta in una moneta greca, nella quale un giovane siede in cattedra e suona con entrambe le mani, e senza plet-

---

(1) S. Girolamo uno dei padri della Chiesa latina (340-420) che tradusse la Bibbia.

(2) Grammatico Alessandrino del II secolo: visse molto a Roma ed è autore del libro *Deipnosofisti*, importante per la conoscenza della vita degli antichi Greci.

(3) L'*Epigone*, inventata da Epigone d'Ambracia, aveva quaranta corde ed era lo strumento più ricco di suoni che possedesse l'antichità.

tro, uno strumento a corda (1). Ma per quanto si possa esser convinti di una differenza fra *Mogadis* e *Psalterium* è assai arduo farsi un giudizio esatto da siffatta figura ».

« Qualche scrittore crede che il *Psalterium* avesse miglior suono della *Cithara*, ma bisogna intendere questa frase nel senso che l'uno era più adatto al solo e puro canto delle corde, perchè *Citharodia* voleva sempre significare canto di corde insieme al canto di voci : e presso gli antichi Citaredi la *Lyra* e la *Cithara* ebbero lo stesso onore che presso di noi la Viola e la Tiorba (2) ».

« Nei conviti e nelle feste Romane e Greche tanto il *Psalterium* che la *Sambuca* erano in uso e venivano suonati più che da uomini, da donne di facili costumi e questo lo attestano fra altri Tito Livio e Quintiliano il quale anzi ammonisce : *Psalteria et Spadicas etiam virginibus probis recusandas.* Il *Psalterium* dunque doveva essere una specie di *Cithara* ».

« Tale era pure la *Cinyra* (Κινύρα) di cui fa menzione Giuseppe Flavio nelle sue Antichità Giudaiche e che, come appare dall'etimologia sua, dava suono lugubre e querulo. Gli Ebrei che la conobbero, come si rivela da alcuni passi biblici, la ereditarono forse dagli egizi ».

« Diversa dal *Psalterium* invece era la *Sambuca* poichè, mentre quello era quadrato questa era trilaterale. Dato il nome, forse è da arguire ch'essa fosse d'origine Sira o Fenicia. Quelli che chiamano

---

(1) Anche qui, come altrove ho notato, il Passeri non ha saputo ritrovare le figure cui il Doni si riferisce, quindi meno chiara riesce l' intelligenza del testo e più difficile è la valutazione delle opinioni dell' autore.

(2) La Tiorba, conosciuta in Italia anche col nome di Chitarrone, apparteneva alla famiglia del Liuto e ne differiva per la forma di un manico biforme e lunghissimo a cui erano attaccate, oltre che sei corde sopra la tastiera, cinque corde metalliche fuori di questa le quali venivano pizzicate a vuoto dal pollice della mano destra.

Sambuca l'Arpa attribuita dai pittori a David (1) non isbagliano. Porfirione 2), annotatore di Orazio, infatti dice: *Sambuca triangulum instrumentum est, quod ex inaequalibus longitudine nervis efficitur.* Già abbiam visto come Aristide Quintiliano dice la *Sambuca* di suono acuto e di carattere femmineo: in principio e' be poche corde, poi ne accrebbe notevolmente. Da questo strumento prese anche nome vna speciale macchina guerresca. »

« Non dissimile di questa era la *Trigone*, anzi Porfirione nel commento all' *Harmonica* di Tolomeo le confonde insieme. Ora tanto l'una che l'altra erano trilatere, ma laddove là *Trigone* era anche equilatere, la *Sambuca* (come pure le Arpe moderne) non lo era. E come nell'una erano i lati tutti uguali, le corde avevano lo stesso spessore e nell'altra le corde decrescendo diminuivano anche di grossezza ».

« È inoltre da ritenere che la *Trigone* avesse la cassa armonica situata nel lato superiore come avviene nel *Psalterium* e questo era certo il posto più acconcio. Nell' Arpa, ad esempio, occorre che la cassa di risonanza non sia di proporzioni troppo grandi e non abbia forma troppo turgida dovendo appoggiarsi sul petto nell' atto di suonare; ora questo contatto nuocerebbe necessariamente all' intensità del suono. Ciò non toglie però che alcune figure di *Trigone* rimasteci, mostrino la cassa armonica nei lati e non solo superiormente ».

Il Doni rimanda ad altri autori il lettore per la descrizione di strumenti di minor importanza — quali la *Pectis*, la *Barbitos*, la *Phoenix*, ecc. — ma che appartengono alla stessa specie di quelli di cui ha tenuto precedentemente discorso.

I trattatisti moderni poco aggiungono alle notizie che l'autor nostro ha raccolto intorno all'argo-

---

(1) È noto che nelle antiche arti figurative David è rappresentato nell' atto di suonare uno strumento di forma triangolare.

(2) Pomponio Porfirione fu grammatico latino del 2° e 3° sec. D. C.

mento. Anzi è notevole che la critica moderna sia
venuta a conclusioni cui pure il Doni giunge in molti
punti di questi Commentari, ma in generale —
non so se in buona o mala fede — si è ben guar-
data dal memorarli e dall'additarne l'indiscutibile
valore.

La *Pectis,* la *Magadis,* la *Sambuca,* secondo le
recenti opinioni, erano assai uguali fra loro. La prima era di origine Lidia e veniva suonata per lo
più da donne; era appropriata ai canti lascivi e vo-
luttuosi dell'Oriente e aveva suono acuto. Pare che
Saffo per primo ne propagasse l'uso. Una varietà della
Pectis era la *Magadis* che fu assai in favore nel-
l'isola di Lesbo. Aristosseno identifica questi due strumenti; si sa però che le corde della *Magadis* erano
disposte in modo che permettevano di suonare si-
multaneamente quelle che erano intonate in ottava.
Anacreonte s'accompagnava in qualche canto su di
una *Magadis* a ventiquattro corde. La *Sambuca* infine era simile ad un altro strumento, la *Lyra
Phoenicia.*

Laddove codesti strumenti avevano suono acuto,
la *Barbitos* e la *Trigone* erano di *diapason* grave
e si univano ai primi per accompagnare il canto.
Del resto l'estensione di tutti questi strumenti era
varia senza dubbio e veniva determinata da cia-
scun suonatore. (1)

La scala della *Trigone* e della *Pectis* era com-
binata in modo da rendere possibile i cambiamenti
subitanei di tono e di modo o questi si ottenevano
con l'inserzione d'un certo numero di corde croma-
tiche (2).

Non concordano invece le opinioni de' moderni
organologi — del resto assai discordi anche fra loro
— con quella espressa dal Doni per l'origine del-

---

(1) Codesta indeterminatezza di accordatura è durata per molti
secoli negli strumenti a corda.

(2) V. *Gevaert,* op. cit.

l'Arpa. Infatti laddove alcuni moderni ammettono
che il nome Arpa derivi dal greco ἁρπάζειν, e cioè
percoter con violenza, o, con minor probabilità,
dal verbo ἀραθείν, risuonare, l'autor nostro come abbiam visto propende a credere ad un'etimologia barbara. E anche ai tempi nostri non mancano quelli che
la fanno derivare dal vocabolo tedesco *haren* (chia-
mare) o *horchen* (ascoltare) (I). Se non che, seguendo l'opinione di quelli che credono ad un'etimologia
greca, noi ci troviamo di fronte ad un vocabolo ap-
partenente alla lingua di un popolo che non possedeva affatto uno strumento corrispondente al vocabolo stesso. E d'altronde la supposizione espressa
dal Don', per quanto non abbastanza confortata da
validi argomenti, verrebbe a suffragare l'opinione
di quelli che credono a un'etimologia barbara e in
una questione nella quale evvi un cumulo cotanto
enorme di oscurità, quel barlume sia pure incerto
di luce apportato dall'autor nostro, è pur di qualche
pregio.

Passati così in rassegna i molteplici strumenti
a corda dell'antichità, il Doni cerca nel seguente
capitolo di determinare con precisione la figura della
Lyra e della *Cithara* e di segnarne le differenze
precipue.

« Anticamente la *Lyra* aveva sette corde (taluni
credono che fossero invece quattro doppie) (2) l'ottava corda fu aggiunta da Simonide e la nona da Timoteo (3). Ma secondo altri, Timoteo aggiunse l'un-
decima poichè la nona e la decima erano state già
assegnate alla *Lyra* rispettivamente da Teofrasto

---

(1) V. *Schelder L.*, *La Harpe et ses ancetros* - *Nouvelle Revue*
— *Paris.*

(2) Di tale opinione fu il Galilei. Secondo Boezio la primitiva
Lyra aveva la seguente accordatura: *mi* ² - *la* ¹ - *si* ¹ - *mi* .

(3) Timoteo di Mileto: poeta lirico del 4.° sec. av. Cr,

Periota e di Estieo di Calofone (1). Ma sta il fatto che la *Lyra* giunse ad avere diciotto corde tre delle quali certamente dovevano appartenere al tetracordo *diezeugmenon* e la quindicesima corda doveva essere un *Trite synemmenon* (2).

---

(1) Teofrasto Periota ed Estieo di Calofone sono rammentati da Boezio nella sua *Musica* e da Necomaco Geraseno nell' *Armonius Manualis;* però Boezio chiama il primo Profrasto e non Teofrasto.

(2) È noto che la scala greca, composta di tetracordi, comprendeva un sistema di 15 suoni a cui furono poi accresciuti tre suoni sino a formare un sistema di 18 suoni mediante l' aggiunta d' un tetracordo. Da un lato la scala conduceva al tetracordo disgiunto *(diezeugmenon)* che aveva il *si* naturale, dall' altra conduceva al tetracordo congiunto *(synemmenon)* che aveva il *si bemolle* il quale dava così agio al compositore di modulare. Ecco, a maggiore intelligenza, un quadro del sistema greco di 18 suoni:

Tetracordo	*la* —	Proslambanomenos
Hypaton	*si* —	Hypate hypaton
	do —	Parhypate hypaton
	re —	Lichanos hypaton

Tetracordo	*mi*	Hypate meson
Meson	*fa* —	Parhypate meson
	sol -	Lichanos meson
	la -	Mese

DISGIUNZIONE

Tetracordo	*si* —	Paramese
Diezeugmenon	*do* —	Trite diezeugmenon
	re —	Paramese diezeugmenon

Tetracordo	*mi* —	Nete diezeugmenon
Hyperboleon	*fa* —	Trite hyperboleon
	sol —	Paranote hyperboleon
	la —	Nete hyperboleon

CONGIUNZIONE

Tetracordo	*la* —	Mese
Synemmenon	*sib*	Trite synemmenon
	do —	Paranote synemmenon
	re —	Nete synemmenon

In quanto alla *Cithara* la cosa è più difficile; non si riesce a capir bene quante corde avesse, neppure nei tempi in cui la musica era giunta a grande sviluppo, poichè le opinioni degli scrittori sono assai discordi Quintiliano le attribuisce cinque corde principali, ma gliene aggiunge altre pur senza indicarne il numero. Le corde principali dovevano essere fra loro a intervalli consonanti come V,ᵃ IV,ᵃ e ancora Vᵃ e IVᵃ e un'altra corda a distanza di due ottave dalla prima. In mezzo dovevano essere le altre corde disposte per toni e semitoni nel genere diatonico. Alcuni credono che le corde principali fossero sei e alcuni ventiquattro: evidentemente però in queste ultime dovevano comprendersi anche le corde non principali. Molto importante è un passo di Quintiliano (1) il quale dice che gli antichi dopo aver stabilito sulla *Cithara* cinque suoni, riempirono poi variamente gli spazi compresi fra le dette corde e infine in mezzo alle corde intercalate ne inserirono anche altre. A questo passo il Doni da due spiegazioni.

O nella *Cithara* potevano essere più suoni che corde, poichè una sola corda era in grado di rendere più note e ciò poteva ottenersi col ripiegare la corda tre volte facendole passare in mezzo a degli anelli e fermando ciascuna delle ripiegature in modo che si avessero tre suoni diversi; o, essendo la *Magas*, come appare dai disegni, piuttosto larga,

---

(1) Ecco il testo del brano citato: *Cum in Cithara quinque constituerint tonos, plurima deinde varietate complent spatia illa nervorum; atque, iis, quos interposuerunt, inserunt alios, ut pauci illi transitus multos gradus habeant.* L'importanza di questo passo di Quintiliano è stata riconosciuta da tutti i principali storici della musica greca. Il Gevaert (*Histoire et théorie de la musique de l'antiquité*) combatte quegli scrittori che spiegano la trasformazione dell'esacordo della scala greca in dodecacordo con un accrescimento esteriore della scala stessa, cioè con l'aggiunzione successiva di tetracordi diatonici e a principale argomento della sua tesi cita appunto questo passo. Secondo l'illustre storico belga, la *Cithara* doveva avere tre ordini di suoni, i primi stabili (*mi*, *la`*, *re`*, *mi`*, *la*), i secondi diatonici medi, i terzi cromatici. Questa opinione come si vede è analoga alla seconda spiegazione data dal Doni stesso.

s

sì da poter accogliere parecchie corde, è da presumere che quelle principali fossero disposte in avanti e le altre venissero collocate in due ordini più addietro. Così:

G . . . C . . . F . . . (corde (*Summa Regio*
F . . . . ♮ . . . E . . . .) interposte) *Media Regio*
E . . . A . . . D . . . . { corde principali { *Ima Regio*

se la cosa fosse così o in altro modo, soggiunge il Doni, lo giudicheranno gli scrittori futuri e i citaristi.

Tanto nella *Lyra* che nella *Cithara* (secondo le attestazioni di Apuleio) si usava il plettro. La *Lyra* non aveva una sola varietà, ma non possiamo dire altrettanto che così fosse pure della *Cithara*.

La più antica forma di questa dev'essere stata quella che aveva due *corna* senza nessuna cassa di risonanza. Essa viene attribuita ad Apollo, a Ercole ad Arione e ad altri dei ed eroi dell'antichità.

Più lavorata era la seconda forma quale si trova in monete antiche e nell'incisione di certe gemme o che doveva avere certamente una cassa di risonanza non piccola.

La terza forma doveva essere quella che, come la *Lyra*, aveva una cassa di risonanza profonda nella parte inferiore; era più larga, possedeva forse ventiquattro corde e per lo più doveva essere toccata solo con le dita.

L'ultima forma della *Cithara* è quella che non aveva una cassa di risonanza tanto profonda, ma larga quanto lo strumento.

La differenza fra la *Lyra* e la *Cithara* era questa: che quella era più lunga e questa assai più larga: quella aveva quindi corde più grosse e lunghe e questa più corte.

La cassa armonica della *Lyra* dovette essere globiforme, quella della *Cithara* era piuttosto compresa e piana.

La caratteristica di questi due strumenti fu principalmente quella di convenire sopra tutto alla *Citarodia*, laddove le loro specie convenivano **meglio**

alla pura musica strumentale e, se pure erano usate
per la musica vocale, dovevano certo accompagnare
canti leggeri e volgari. Infatti — come poi dice
Tolomeo — nella *Lyra* e nella *Cytara* poteva
eseguirsi ogni genere di musica, anche enarmonica
e cromatica e per questo erano necessari musici
esperti e non cantori da trivio.

Noi dobbiamo riconoscere nella *Lyra* e nella
Cithara i prototipi di tutti gli altri strumenti del
genere: dall'una vennero infatti le *Testudini*, le
Barbitos, le *Tiorbe*, le *Chelonidi*, e ogni genere di
Viole ; dall'altra le *Sambuche*, le *Arpe*, la *Trigone*,
il *Salterio*, la *Magas*, ecc. Le differenze fra l'uno
e l'altro strumento consistono specialmente nella
diversità d'accordatura (1); ma altre differenze, che
è impossibile dire, dovevano pure esserci (2).

Non ci si faccia meraviglia se gli istrumenti
del genere della *Lyra* e della *Cythara* oggi in uso
sono così diversi dagli antichi: nel corso vario de'
secoli le cose e i vocaboli hanno fatto incredibili
mutazioni. Basta osservare la evoluzione che ha fatto
la parola *Cythara* (Κιθάρα) donde in italiano: *Chitarra*, in spagnolo: *Guitarra*, in francese: *Guiterne*:
dall'italico *Cétera* (derivato direttamente dal vocabolo latino) i francesi hanno anche fatto *Cistre* (3).

Non fa meraviglia se essendo tanto grande
l'affinità fra l'uno e l'altro strumento i gramma-
tici attribuiscono all'uno nomi che all'altro con-
vengono.

Pertanto, volendo enumerare, le varie parti della

---

(1) Anche secondo il Galilei *(Dialogo della musica antica et moderna)* « la differenza che si trova tra la *Cithara* e la *Lyra*,... altro
non era che il diverso temperamento circa la grandezza degli intervalli et dell'ordine et l'acutezza et gravità delle corde ».

(2) La *Cithara* fu uno strumento più artistico della *Lyra* o
almeno richiedente una maggiore dottrina tecnica e un maggiore
virtuosismo. Al tempo degli Antonini i citaredi e i suonatori di
Lyra formavano due separate caste e si servivano nella loro arte
di vocaboli propri e peculiari.

(3) Era uno strumento a plettro molto in uso nel secolo XVI:
si chiamava anche *quitare allemande* o *quitare anglaise*.

Lyra e della *Cithara* sarà bene attenersi agl'insegnanti de' più reputati scrittori.

Quando non vi era nessuna cassa di risonanza, le *corna* (κέραϑα) dovevano essere concave. Secondo alcuni scrittori queste *corna*, perchè avessero maggior sonorità, si facevano dissecare; ma forse si deve ritenere che questo modo si riferisce a quelle che erano poi adoperate per istrumenti a fiato. In ogni modo nella *Lyra Barberina* si è curato che i *bracci* (corrispondenti alle *corna*) fossero vuoti onde il suono fosse più forte.

Le *curvature* (ἀγκῶνες) della *Lyra*, secondo la testimonianza di Vitruvio, erano foggiate a mo' di due *S* poste inversamente una contro l'altra. Non devono confondersi le *corna* con le *curvature*, perchè queste o si ponevano sopra o avanti quelle. Invece i *gomiti* (πήχυς) rammentati pure nella descri ione nella *Lyra* Omerica, sono spesso compresi con le une e con altre.

Il *giogo* (συζυγία) è da molti confuso col *gomito*; ma ha tutt'altro significato quel legno che trasversalmente congiunge le due *corna*.

In questo *giogo* si usavano attaccare dei pezzetti di cuoio duro (κόλλοπαι) nei quali posavano le corde tese.

Si devono ancora rammentare i κτένια che in alcune raffigurazioni della *Lyra* si vedono evidentemente fatti per ornamento dello strumento e il πήϑαλιον che era un pezzetto di legno posto sotto il *giogo*.

Parte precipua della *Lyra* e della *Cithara* era la *magas* (μαγάς), da non confondere con la *Magadis* che, come abbiamo visto, era uno strumento.

La *Magas* era una tavoletta quadrata leggermente curva, nella cui parte inferiore era praticata una scavatura e sulla quale passavano le corde; oggi si chiama *ponticello*. Alcuni scrittori però credono che la *Magas* fosse il *piano armonico* dello strumento; ma si osservi fra altro, che il nome *Magas* è rimasto pure per indicare pure il *ponticello* del monocordo: in verità un vocabolo greco che indichi il *piano armonico* non esiste.

Sotto la *Magas* doveva trovarsi un orifizio che aveva l'uffic:o di aumentare il suono, e per proteggere la cassa interna dello strumento dalle ingiurie della polvere, era fatta forse la scavatura del *ponticello*, giacchè non era ancora in uso il reticolato (1).

La principale parte della *Lyra* e della *Cithara* era la *cassa armonica* (ἠχεῖον) fatta per aumentare il suono di tutto lo strumento. Nella *Lyra* antica la *cassa armonica* era formata dalla testudine *(chelys)*, poi fu composta per mezzo di strisce di legno: nella *Cithara* invece essa era per lo più, se non sempre, di rame.

Questa *cassa armonica* della *Cithara* si diceva γάλγωμα; il vaso di metallo coperto di una tenue lamina, non era senza una ragione musicale fatto in modo da rendere il suono più ampio e forte. La *Chelys* non è tanto la *Lyra* più antica o specie della *Lyra,* quanto propriamente il *corpo* di essa, ma non è da meravigliarsi se anche in tempi più recenti i vocaboli *Chelys* e *Testudo* sono stati promiscuamente usati per indicare la *Lyra* stessa.

Finalmente è da menzionare la *cordiera* (χοφδότον) che, come dice la parola stessa, serviva per tenere ferme le corde.

I greci e i latini usavano diversi vocaboli per indicare le corde: νευφαί, χοφδαί, λίνα, μίτοι, τόνοι, *nervi, chordae, lina, fila, toni.* Si sa che gli antichi non conoscevano i *tasti* che oggi invece sono usati nella nella *Lyra orchestica* (violino e violone).

Dobbiamo ricordare fra le parti della *Cithara* l'*astelfo* (Ἀστρφος) che ne era l'involucro, onde proteggerla dalla temperatura e dalla polvere e il *balteo,* ossia nastro col quale la *Cithara* veniva sostenuta.

Non si sa come spiegare il *Batrachismo* della *Cithara,* se non supponendo che fosse una speciale

---

(1) Negli strumenti medioevali. e anche in quelli dei secoli XV e XVI, la *rosa* degli strumenti a pizzico era ricoperta di intagli di finissimo lavoro: tali *rose* si trovano specialmente nei liuti e nelle chitarre.

maniera di suonare colla quale si veniva in certa guisa ad imitare il gracidare delle rane, piuttosto che crederlo, come fa Esichio (1, una parte dello strumento alla forma della rana somigliante.

L'autore riserva i seguenti capitoli per lo studio del plettro e degli altri strumenti proprii dei Citaredi e per le congetture che egli fa sul loro uso.

Plectrum, equivale al verbo latino *ferire*, quindi un arnese atto a percuotere le corde. Esso era per lo più di avorio e di forma accuminata e le corde dovevano da esso esser toccate lievemente e obbliquamente. Forse la punta del plettro doveva essere duttile e facile a piegarsi al contatto della corda toccata. Ma se si pensa alla ampiezza ingente degli antichi teatri, si può congetturare che si usasse toccare le corde col plettro con una leggerezza molto relativa, altrimenti il suono sarebbe uscito troppo tenue e fioco, sicchè a una certa distanza si sarebbe potuto sentire la voce e non l'accompagnamento Questo può arguirsi anche dal fatto che le corde della *Lyra* e della *Cithara* erano di un certo spessore e non mancano a tal riguardo testimonianze di autori.

Il Doni presenta due specie di plettri; l'uno desunto in parte dai prischi marmi fatto in avorio e ch'egli ritiene il vero e proprio plettro degli antichi suonatori di strumenti a corda. L'altro foggiato in rame e perciò, secondo la sua opinione, meno adatto a toccare le corde. Anzi a dirittura ritiene ch'esso fosse adibito per strumenti a percussione. Gli antichi autori credono che i primi plettri fossero formati da zampe di capre selvaggie, le cui unghie servivano a toccare la corda. Ma nessuno può ritenere certo che essi nei secoli più colti fossero ancora in uso.

La *Pectis* differiva dal *Plectrum* o, per meglio dire, ne era una specie. Ciò non toglie che negli antichi glossatori si trovi confusa la specie col genere

---

(1) Lessicografo alessandrino.

o il genere con la specie e che quindi *Plectrum* sia
identificato con la *Pectis*. Io penso invece — dice il
Doni — che questa fosse fatta di denti o punte che
vellicavano le corde a certi determinati spazi (1).

L' uso della *Pectis* era fatto non tanto per trarre
i singoli suoni dalla corda, quanto per farne sentire
parecchi in una volta, toccando parecchie corde fra
loro in consonanza.

Negli antichissimi tempi la *Lyra* e la *Cithara*
avevano poche corde, ma non di meno si eseguiva
con esse musica armonica e cromatica per la quale
se ne richiede un numero considerevole. Però nulla
fa credere che fra queste corde non fossero che soli
intervalli diatonici; poichè, se si volevano ottenere
suoni enarmonici, e cromatici, bastava forse toccare
le corde un poco obbliquamente e con un certo sforzo
sì che la corda tendendosi maggiormente riusciva
a dare il suono alterato che si desiderava.

Con questo artificio gli antichi solevano alterare
il suono delle corde come loro meglio piaceva.

I primi Citaredi usavano con frequenti battute di
piede misurare il tempo, il che oggi si dice *far la
battuta*, e questo solevano pur fare i suonatori di
flauto.

Si noti ancora che le punte *Plectrum* erano
curvate, e questo era fatto affinchè le corde potes-
sero essere tocche in giusta misura, cioè nè troppo
leggermente nè con eccessiva veemenza.

Fra le varietà del *Plectrum* la migliore è certamente *l'archetto* di cui però non si conosce l'inventore; il suo uso non è certo recente poichè ne
fa menzione il Beda (2); con esso la corda potendo
prolungare il suono diviene emula della voce stessa,
quando specialmente l'archetto sia ben tirato, come

---

(1) Nell' edizione fiorentina del Gori si legge a questo punto
Hoic Pectinis figuram praetermisit Donius. Invece nell' autografo la
figura esiste.

(2) Il venerabile Beda (674-735) fu un dotto monaco Anglo-
sassone del Northumberland. È autore della « *Historia ecclesiastica
gentis Anglorum* » e di altre importanti opere.

sanno fare gli Inglesi. Ne si sa spiegare come mai strumenti eminentemente musicali, degni soltanto del genio dei Greci e degli Italiani, provengano invece dalla lontana Britannia (I).

È indubitato che l'uso del *Plectrum* era più antico di quello delle dita, come lo dimostrano i poeti che parlavano degli antichi suonatori di strumenti a corda e Ateneo, il quale dice che Epigaro d'Ambracia fu il primo a introdurre l'uso di toccare le corde con le dita: lo che molto giovò all'incremento dell'arte citarista. Nè ha a credersi col Galilei che con l'aumentare del numero delle corde, il *Plectrum* cadesse in disuso, poichè esso fu anzi in grande onore quando nell'antichità l'arte musicale più rigogliosamente fioriva. Giacchè era adattatissimo a rendere il suono più forte e a meglio percorrere corde le quali erano piuttosto grosse.

I citaredi - come più oltre si vedrà - usavano il plettro quando dovevano, accompagnandosi cantare all'aperto; invece nei preludi e nelle introduzioni specialmente, si servivano solo delle dita.

In quale maniera fossero tenute e suonate la *Lyra* e la *Cithara*, lo sappiamo da Filostrato (2), in un passo con il quale egli illustra la figura di Orfeo mentre suona. Si sosteneva cioè lo strumento, appoggiandolo sul fianco; posando il piede sinistro in terra; il piede destro segnava il ritmo percotendo il suolo: la mano destra teneva fermo il plettro e la sinistra taccava le corde.

Bisogna sapere che vi sono tre categorie di strumenti a corda: strumenti, in cui quasi tutte le corde vengono percosse o con le dita della mano destra, o con la punta di una penna, strumenti cioè che hanno possibilità di dare accordi consonanti e che hanno quindi poche corde, ma disposte fra loro in

---

(1) Con queste parole il Doni viene ad ammettere la tesi, pur oggi comunemente sostenuta, che gli strumenti ad arco abbiano un'origine occidentale e provengano dalla costa Britanna.

(2) Scrittore sofista del II secolo d. C., autore delle « Descrizioni ».

consonanza; tali sono la chitarra italiana e spagnola. In secondo luogo, strumenti che, pure avendo sopra la tastiera, ossia nel manubrio, delle corde disposte nello stesso modo, ne contengono tuttavia un certo numero di basse in relazione naturalmente col sistema cordale principale e che vogliono esser percosse col dito pollice; tali il Liuto e la Tiorba. Finalmente strumenti policordi in cui tanto la mano destra che la sinistra toccano le corde una le più gravi e una le acute: tali la Cetra a ventiquattro corde, il Salterio, la Sambuca e la nostra Arpa.

A quale di queste categorie appartenevano la *Lyra* e la *Cithara*?

Se si pon mente al numero delle corde, la *Lyra* apparteneva alla categoria di mezzo e la *Cithara* alla categoria ultima; se al modo di suonarle appartengono entrambe alla categoria terza. Un vecchio scoliasta e un passo di Claudiano fanno credere che la *Cithara* si suonasse tanto col plettro che con le dita.

Risulta pure da brani di antichi autori che i citaredi usavano tre maniere di musica e cioè nell'una, prima suonavano e poi cantavano, nella seconda cantavano e suonavano ad un tempo, finalmente cantavano accompagnandosi col suono prima e poi cantavano soltanto. Quest'ultima maniera però non è più usata. In un quarto modo di musica (indicato da Achille Stazio), il citaredo prima suonava senza cantare poi cantava accompagnandosi.

Le *diminuzioni* furono pure usate dai citaredi, ma per queste si servivano nei loro strumenti delle dita e invece per i cantici, che erano eseguiti all'aperto, usavano il plettro che doveva rendere il suono più sentito e intenso.

Gli eruditi sanno cosa significhi la frase *intus canere* e *foris canere* (1) dei Latini. « *Cum canunt Citharistae utriusque manus funguntur officio, de-*

---

(1) L'origine di questa frase è attribuita all'abilità del suonatore Aspendino che faceva udire i suoni servendosi della sola mano sinistra.

xtra plectro utitur (foris canere); *sinistra digitis corda carpit* intus canere) ».

Questo periodo di Asconio nella terza delle Verrine, fa nascere una supposizione. Siccome l'*intus canere* si riferiva alla mano sinistra e il *foris canere* alla destra, si potrebbe arguire che la *Cithara* fosse sostenuta in modo da essere più vicina al corpo del suonatore dalla parte sinistra che dalla destra, per modo che la parte destra poteva dirsi esteriore e la sinistra interna. (1)

I Citaredi conoscevano forse anche la maniera di sopprimere l'artificio del suono comprimendo la corda col pollice della mano sinistra, quando lo richieda l'opportunità. Questo è tanto più verosimile se si pensa che, quando essi cantavano, si servivano di poche corde e quando cessavano il canto o al canto si preparavano e preludiavano, deposto il plettro, si servivano tanto delle dita della mano destra quanto di quelle della sinistra (2).

Esposto omai quanto si riferiva alla cognizione della antica *Lyra* e della Cetra e del loro uso, il Doni riserva gli ultimi capitoli del suo trattato all'illustrazione del nuovo strumento da lui inventato. Il quale — egli dice — è stato concepito in parte da alcune figure della *Lyra* e della Cetra che più sembravano adatte e meglio conservate, in parte è frutto di invenzione originale: « del resto i prischi monumenti poco o nulla di positivo ci hanno a tal riguardo tramandato, ne' senza il lavoro del proprio ingegno si sarebbe venuti a capo di nulla ».

Questo lamento, pur altrove fatto dall'Autore, è certamente non esagerato: è quello stesso che orga-

---

(1) Il *Gevaert*, nella sua magistrale opera *Historie et théorie de la musique dans l'antiquité*, crede che il plettro nei passaggi polifonici facesse sentire con una certa intensità il canto principale (eseguito dagli antichi nelle corde gravi), mentre la mano sinistra eseguiva nelle regioni acute diminuzioni, passaggi e suoni più dolci.

(2) Pare invece che i citaredi conoscessero il modo di ottenere gli armonici *(flautini)*, specialmente l'ottava, toccando leggermente la corda, (v. *Gevaert.* op. cit.'.

nologi moderni muovono quando si accingono a
tracciare l'istoria di strumenti oggi in uso, l'origine
della maggior parte de' quali pur non oltrepassa i
primi secoli dell'evo medio. E molto maggiore difficoltà doveva certo superare chi, come il Doni, non
voleva limitare il suo studio soltanto ad una conoscenza esteriore degli antichi strumenti musicali,
ma sì ad una investigazione intima e profonda della
loro struttura e della loro pratica. « Del resto —
soggiunge l'autor nostro — io non dico di avere
tutto scoperto, perchè in tanta oscurità di notizie,
è giocoforza ignorare qualche cosa, tanto più che
da soli non si può compiere un lavoro tanto arduo
e complesso. Spero anzi che in avvenire vi sia chi
megli e più di me possa investigare le molteplici
varietà degli antichi strumenti a corda. Del resto
il mio scopo fu sopra tutto quello di fare uno strumento nuovo che pure possedendo tutta la dignità
e lo splendore antico, non escludesse i progressi
moderni ».

E senz'altro passa alla descrizione esteriore
della *Lyra* e alla ragione della modalità della sua
costruzione e della sua accordatura, che noi ci li-
miteremo riassumere, tanto per dare al lettore una
superficiale conoscenza dello strumento Doniano.

La *Lyra Barberina* si divide in due parti: la
superiore è piena, la inferiore è incavata. La prima
parte comprende le curvature, il riccio, la sbarra,
i regoli e i cavicchi: comprende la seconda la cassa
armonica, la cordiera e le corna.

Nella considerazione che in ogni strumento musicale del genere del liuto, quanto più incavata e
protuberante è la cassa armonica, tanto più dolce
è il suono e all'incontro quanto più il corpo riso-
nante è piatto e compresso tanto più il suono è
forte ed intenso, il Doni ha cercato nella *Lyra* di
conciliare l'un pregio e l'altro. A tale scopo la
sua cassa armonica è assai protuberante ai lati e
ristretta nel mezzo. Per quanto riguarda il legno,
al Doni convenne attenersi ai suggerimenti dei più
celebrati liutai, i quali, anzichè adoperarlo di grosso

spessore, che rende il suono stridulo e intenso,
ne usano del sottile che fa questo soave e valido
ad un tempo: così che mentre le parti laterali sono
composte di striscie di faggio, la parte media è
formata di piccole tavolette di abete. È chiaro che
per questo rispetto l'invenzione del Doni non aveva
alcun pregio di novità poichè ogni cassa di risonanza del liuto o di strumenti del genere del liuto,
era fabbricata con identica materia. Tuttavia se
debbiamo credere all'Autor nostro, questo strumento
così fatto e così costruito diede risultati splendidi,
*ut sane (absit verbo invidia) non tantum eleganti
specie, rerum etiam suavitate sonique praestantia
neutiquam ulli concedat.*

Però, con buona pace del dotto Autor nostro,
la *Lyra Barberina* quale ci appare dai disegni
rimastici ha una forma piuttosto goffa, dà l'imagine
di una bottiglia dalla pancia stiacciata. Nè il giglio
fiorentino che le sovrasta, nè le dorate api, (simbolo
dell'arma dei Barberini) sparse qua e là nel corpo
dello strumento, nè i rami di lauro e gli altri ador-
namenti, servono a darle un aspetto elegante o,
molto meno, artistico.

Il sistema di corde nella *Lyra Barberina* era
duplice, componendosi di una serie di corde di minugia o di una di corde di metallo. Ma quando il
Doni in principio del capitolo decimo si vanta di
questo come d'una novità *(numquam hactenus, ni
fallor, factitatum)*, dice cosa non vera. Noi sappiamo
infatti che il Praetorius addita già, come un'invenzione Inglese, l'applicazione delle corde simpatiche
nelle viole: nè può credersi che il Doni ignorasse
la cosa; tutt'al più potrà dirsi che nello strumento
Doniano le corde metalliche non soltanto avevano
l'ufficio di risuonare per il fenomeno acustico di
vibrazione simpatica, ma costituivano un vero e
proprio sistema di corde ch'erano destinate ad essere toccate diversamente.

Le corde di metallo dovevano prestarsi specialmente per l'accompagnamento dei balli, laddove
quelle di minugia più per i componimenti di musica

vocale; sicchè queste sono adatte per la musica Citarodica, quelle per la musica Psilocitaristica (1). Aggiungasi a ciò la possibilità di eseguire così, oltre che trilli e gruppetti, il tremulo « per il quale il suono produce quasi u i mormorio soave ».

E qui l'Autore rivelando, come del resto in tutta l'opera sua, il desiderio di paragonare non solo, ma di immedesimare la musica de' tempi suoi con quella dei Greci, entra a discorrere dell' *ethos* musicale (2).

Vi sono, egli scrive, due sorta di musica: musica diastaltica o diastematica - atta ad esprimere alacrità, allegrezza, audacia, entusiasmo, - musica systaltica - adatta alla mestizia e al dolore. Ora nella *Lyra* vi è modo di praticare tanto l'un genere di musica che l'altro. Poichè la serie di corde di metallo meglio si acconcia per la musica diastaltica - così detta dalla dilatazione dei visceri che si effettua in noi durante i momenti di gioia, - e l'altra serie di corde di minugia più conviene alla musica systaltica - così detta per lo stringimento del cuore che avviene in noi durante la sofferenza (3). Inoltre convien dire che tre erano i *modi* principali e più antichi della musica greca: Lidio, Frigio e Dorico. E come il Lidio è di carattere molle e

---

(1) La differenza di timbro sonoro prodotta dalle corde metalliche e da quelle di budello è notata pure dal Galilei nel suo *Dialogo*: « et la cagione che quelle (corde metalliche) manifestano vieppiù di queste (corde di budello) la qualità loro, non di altro nasce, che dall'avere la materia d'esse corde, et dell'agente che le percote, più forza ed officacia per la loro attività di ferire l'udito con veemenza maggiore ». L'invenzione delle corde di metallo risale ai primi anni del '500.

(2) Riguardo all' *ethos* musicale, dice il Gevaert, gli storici moderni credono ch'esso non abbia valore estetico. Certo v'è grande divario fra la moderna polifonia che ci ha creato quasi un nuovo senso e la melodia antica. V. Abert: *Die Lhere von Ethos*, Lipsia.

(3) Questo concetto che i Greci avevano della musica e del quale il Doni fa qui menzione, concorda con quello pur espresso da alcuni moderni fisiologi della musica quali il Féré, il de Tarchanoff, il Laby ecc.

triste, più conviene alla musica Systaltica e quindi
preferisce le corde d'intestino; e al Frigio che al-
l'incontro ha carattere gaio ed entustiastico, meglio
s'addicono le corde metalliche; e il modo Dorico
finalmente, avendo andatura quieta e costante e
fra i due potendosi dire mediano, può usare tanto
l'una serie di corde che l'altra.

A questi tre modi corrispondono tre generi: il
diatonico per le corde di minugia specialmente,
l'enarmonico per quelle di metallo, il cromatico
per l'une e l'altre. « Ora la disposizione delle
mani nella nostra *Lyra* permette appunto di poter
usare contemporaneamente l'una e l'altra serie di
corde ».

E in fine enumerando tutte le altre doti del
proprio strumento, l'Autore nota: un suono più
forte e pieno di quello prodotto dal liuto; un suono
più dolce ad un tempo e quasi medio fra il liuto
stesso e l'arpa doppia (1); una assoluta mancanza
di tinnio nelle corde metalliche, il che non certo
accade ad esempio nella chitarra; un'uguaglianza
di timbro dalla corda più grave alla più acuta; e
questo non avviene in istrumenti che abbiano corde
fuori della tastiera, come la Tiorba e l'Arciliuto (2),
nei quali le corde lunghe risuonano più forte delle
corte; una continuazione di risonanza nella corda
dopo la percussione avuta, quasi che, invece d'esser
uno strumento a pizzico, fosse ad arco e una facilità
sorprendente di sopprimere la vibrazione stessa
delle corde, pur così necessaria per evitare stona-
ture e dissonanze durante l'esecuzione di un brano
musicale.

---

(1) L'arpa doppia, secondo il Galilei, fu un' importazione del-
l'Irlanda. (V. *Galilei, Dialogo della musica antica et della moderna,*
Firenze, 1581.)

(2) L'arciliuto è strumento di poco dissimile dalla tiorba. Il
Bonanni (*Gabinetto armonico pieno di strumenti sonori,* Roma, 1723)
scrive: « Cominciatosi ad usare la Tiorba, un nobile tedesco detto
Girolamo Capsperger la perfezionò aggiungendovi un collo più lungo
con otto corde semplici e sette doppie con una corda più delle
altre sottili, detta *Cantino* ».

Come l' Autor nostro aveva detto che il sistema
delle corde metalliche era atto alla musica enarmonica, alla cui instaurazione a mo' dei Greci egli
intende in ogni opera sua, spiega con molto lusso
di erudizione le ragioni molteplici per le quali si
era indotto ad accordarle secondo questo sistema,
onde ogni ottava comprendeva una serie di venti
suoni. Questo naturalmente portava ad un spesseggiamento ben considerevole di corde, laddove questo
non si verifica nell'altro sistema delle corde di
minugia. Lo spesseggiamento, egli dice, non avrebbe
potuto farsi in queste che, avendo una vibrazione
più ampia e anche per la maniera di suonarle, si
sarebbero l'un con l'altra toccate a detrimento
non lieve alla chiarezza del suono.

Vuolsi inoltre osservare che il sistema delle
corde di minugia, secondo le idee espresse dal Doni,
non erano atte alla musica enarmonica, ma piuttosto alla diatonica e alla cromatica.

La parte anteriore della *Lyra* era appunto
fornita esclusivamente di corde di minugia: l'accordatura di esse componeva un triplice sistema: *systema chordarium graviorum, systema medium et
praecipuum, systema acutiorum.*

Il primo comprendeva sette corde in progressione diatonica dal *sol¹* al *fa¹*: il sistema principale
comprendeva otto corde accordate rispettivamente
sol,¹ la,¹ do,¹ mi,¹ la,¹ do,¹ mi,¹ la¹. finalmente il
systema acutiorum comprendeva, come il più grave,
sette corde in progressione diatonica dal *mi¹* al *re¹.*
Nel sistema principale le corde sovrastavano a una
tastiera e quindi erano suscettibili di dare anche i
suoni intermedi fra esse (1).

Le corde di minugia vanno suonate, come quelle
del liuto e degli strumenti affini, colle dita, però
non sarà male adoperare anche le unghie a mo' di
penna. Invece per quelle di metallo le unghie sono

---

(1) L' Autore dà oltre a questa l' indicazione di una accordatura anche più alta per il sistema delle corde più acute.

indispensabili o piccoli ditali d' argento o d' altra
materia nei quali siano applicate delle punte.

Lo strumento può essere tenuto in vari modi:
o, come il liuto, vicino al petto, o appoggiandolo
sopra uno sgabello non tanto elevato; può anche
esser tenuto fermo per mezzo di un nastre che passi
sull' omero. Se poi alcuno voglia adoperare l' uno
e l' altro sistema di corde, conviene ch' ei trovi il
modo di servirsi senza incomodo dell' una e del-
l' altra parte dello strumento. All' invenzione del
quale, dice il Doni, non poca fatica ho durato; ma
spero che esso voglia essere considerato non come
l' infimo dei ritrovati del presente secolo e abbia
lunga vita e buona fortuna, posto com' egli è sotto
la tutela del grande nome dei Barberini. Anzi, e
con tale promessa finisce i suoi Commentari, se la
nostra *Lyra* troverà buona accoglienza appresso i
musicisti, io mi accingerò forse un giorno alla costruzione di nuovi strumenti.

.˙.

Il Bandini riferisce in una nota del suo volume
sul Doni, di avere visto e toccato in casa degli eredi
Barberini il magnifico strumento dall' Autore stesso
dato in dono al Pontefice (1).

Da quando il Bandini scriveva questo, son tra-
scorsi quasi cencinquant' anni e della *Lyra Barberina* ora non si ha notizia. La nobile famiglia dei
Principi Corsini, che de' Barberini fu direttamente
erede, fra antichi strumenti che conserva, non ha
che un' arpa vera e propria riccamente dorata e di
finissimi intagli, la quale non può in niun modo ritenersi per lo strumento di cui ci occupiamo o per
una riduzione posteriore di esso (2). Troppo minu-
ziosi particolari noi conosciamo dello strumento Doniano per poterci ingannare a tal proposito.

E così codesto strumento che, secondo le buone
intenzioni del suo dotto inventore, doveva per la

---

(1) V. Bandini, op. cit.

(2) Debbo queste notizie alla squisita cortesia dell'esimio professore Arnaldo Bonaventura che per me fece ricerche a Firenze
presso la nobile famiglia Corsini.

molteplice varietà di corde, per la commodità dell'uso, per la naturale soavità del suono, ripristinare e rinnovare le efficacie e le maraviglie della citarodia Ellenica, non salvato a tempo nel pietoso rifugio di qualche museo, è scomparso miseramente.

Forse giace in qualche retrobottega d'un ignorante antiquario, in qualche ripostiglio di un dozzinal rigattiere, in qualche soffitta lurida e oscura dove i tarli e la polvere lo rodono e lo consumano; forse già più non esiste.

Le molteplici e varie corde si saranno nel silente oblio ad una ad una spezzate e in bricciole ridotte le ben levigate tavole d'abete che le argentee api Barberine e le simboliche sigle vagamente adornavano. Esso non ebbe maggior ventura ne' migliore dell'idee fallaci del proprio inventore, delle quali era pur stato frutto laborioso e diretto.

Ma non doveva essere questo il suo fato?

Dicembre 1907.

APPENDICE

In una lettera a Gaspare Scioppi (1), riportata pure dal Bandini, il Doni dando notizia al dotto amico dell' opera sua intorno la *Lyra Barberina* cui egli aveva allora posto fine (2) soggiunge: « *Addidi etiam onomasticum complurium vocabulorum (quorum major pars graeca sunt) ad Musicam spectantium, cuius ope multa huius facultatis pure eloqui atque explicare licebit* ».

Non v' ha dubbio alcuno che queste parole si riferiscono a quel Lessico che, come precedentemente è detto, trovasi unito all' autografo nel codice Oliveriano e che non era stato riportato nell' edizione fiorentina; onde per tal riguardo il Bandini la chiamava inutile e imperfetta (3).

In verità l' *Onomasticum* che per maggior intelligenza dell' opere del Doni, il P. Martini compilò dietro invito dell' ab. Passeri e che si trova inserito nel secondo volume dell' edizione del Gori (4), non solo è deficientissimo e incompleto, ma, per quanto l' Autore stesso ne scrive, esso non può ritenersi che un « piccolo abbozzo ricavato dalla lettura dei due Tomi ». Opportuno quindi e non privo d' interesse per il diligente lettore dell' opera doniana è certamente il *Lexicon Musicum*, ossia l' *Onomasticum*, dal Doni rammentato nella sua lettera allo Scioppi, contenuto, per quanto incom-

---

(1) Gaspare Scioppi fu grande critico e letterato di fama. Nacque a Chiaravalle nel 1576 e morì nel 1649.

(2) « *Praeter alia vero, librum nuper absolvi, in quo* Lyram Barberinam *(sic enim organum musicum a me inventum seu potius Lyram veterem de integro restitutam ac novis parergis ornatam indigitavi) cum suis partibus, partiumque nomenclaturis accurate describo ; ac per occasionem antiquam Lyram, Cytharamque, affinesque organorum species totamque veterum Cytharodiam non indiligenter, ut mihi videtur, persecutus sum; adiunctis etiam multis iconismis ac vetustorum organorum imaginibus, quae tractationem hanc illustrare poterunt* » A. M. Bandini Op. cit. pag. 156.

(3) *Donii commentarium de Lyra Barberina quod in Florentina editione exhibetur, inutile, atque imperfectum mihi videtur nam praeter lacunas, quae in multis locis observantur, desunt in fine onomasticum ac poematia illa quae musicis modis aptaverat. Id.*

(4) « *Io: Baptistae Martini Min. Conventualis Bonon. Onomasticum seu synopsis Musicarum Graecarum atque obscuriorum vocum cum earum interpretatione ex operibus Io: Baptistae Doni, patricii Florentini.* Precede a p. *265* una Lettera del Padre Maestro Gio. Battista Martini minor conventuale, celeberrimo professor di musica in Bologna all'abate Gio. Battista Passeri da Pesero auditore di camera dell' Eminentissimo Legato di Ferrara ».

postamente, nel Codice Oliveriano, e poscia dal Passeri rior-
dinato e ribattezzato con nuovo nome (1).

È certo da chiedersi perchè l' ab. Passeri, quale redattore
degli scritti e possessore degli autografi del Doni, non curasse
nell' edizione di Firenze l' inserzione dell' *Onomasticum*; vi è
ragione da ritenere ch' egli non arrivasse in tempo a riordi-
narlo e pensasse di darlo dopo alla luce a parte, facendolo
ritenere magari opera sua originale. Di codesto intendimento
suo ne fa fede abbastanza il titolo apposto al *Lexicon Musicum*,
nel quale, non solo non vi è alcuno accenno alla fonte cui
egli aveva interamente attinto, ma non esiste nemmeno una
sillaba più di quanto si trovi nell' autografo del Doni stesso.
Anzi se in alcuna parte vi sono lacune il Passeri non si è
nemmeno dato pensiero di colmarle.

Epperò non vi faccia meraviglia se il Passeri con tanta
disinvoltura spaccia per sua merce quella altrui: in fatto di
menzogne letterarie il dotto abate passa per una autentica
celebrità!

---

(1) Il titolo apposito dall' ab. Passeri a queste suo manoscritto
è: *Io: Baptae Passerii, Pisaurensis — Lexicon Musicum — Perseverat
ad ornatum operum — Donianorum de Musica Veterum — quae, ipso
curante, edita sunt* — Il Doni però più esattamente e modestamente
aveva intestato: *Interpretatio vocum musicarum Graecarum et Latinarum obscuriorum.*

LEXICON MUSICUM

A

Abacus supernus — In cythara facillime occurrit in veterum monumentis sub jugo in planum conlocatus. Hujus instrumenti nusquam ossequutus fuissem nisi dum haec scriberem occurrisset mihi inter picturas Herculaneas Tom. II. Tab. I. Apollo Cytharam otiosam tenens, sub cujus jugo abacus iste collocatus est, duplicem chordarum ordinem continens, nempe in anteriore, ac posteriore sui longitudine. Hinc intellexi Cytharas hoc munimine instructas, amphichordas fuisse, ut utraque manus ordinem suum pulsaret. Puto dexteram Phthongum radicalem tetigisse, sinistram vero consonos.

Abacus harmonicus — *La tastatura* (Kircher).

Accensiones — *Mottetti.*

Aequatio intervallorum — quae commoditatis causa in organis Polychordis fit vulgo partecipatio.

Agonismata — Musica concertationes solemnes musicorum praemio et corona digniori proposita.

'Αγωγάl — ductiones, modulationes gradatim ascendentes vel descendentes.

Amoeboea cantiuncola — *Arietta cantata da due o più che a vicenda si rispondono* Differt a Synodia, et Bicinio, in quibus duo vel plures simul canunt. Hodie cantiunculae *Duetti* e *Terzetti* ex Amoeboea et Synodia participant.

Amphipedesis — *Passamezzo.*

Anacliterium Cathedrarum — *Spalliera.*

'Αντίφθογγα sive 'Αντίσπατα μελίσματα — Melismata, vulgo diminutiones, cum alio Phthongo longiore consonantia.

'Αναβάλλεσθαι τὸν ρυθμόν — *Far la battuta.*

Antimelismata — Repliche ostinate di due instrumenti, volgarmente *perfidie*.

Antiphoniae — (Zarlino) *Consonanze vuote*.

Αντίφωνος — Epithetum chordae, seu phthongi qui alteri diapason respondet, nobis dicitur *aequisonus*.

'Αντίφωντος — *Aequisonae*.

Apechesis, 'απίχησις — Resonantia quam cytharae fides edunt.

'Απεργαστιχή et 'Εξαγγιλτιχή — Musicae practicae apud Graecos.

Apotome — Semitonus major apud antiquos: Zarlinus.

'Απυφάλματα — Chordarum segmenta vel in laurum quidam sonitus (Ptolomeus).

Archisymphoneta — Moderator Musicae, *Mastro di Cappella*.

Armata saltatio — *Balli con armi moresche*.

'Αρμογή — *Temperatura*.

'Αρμάξεσθαι — Concinnare secundum consonantias.

Assa voce canere -- *Cantar con la voce sola senza istromento*.

Ascaulus — Latine utriculus, *sordellina, cornamusa*.

Auletes — Tibicen, *Trombetta*.

Auticanon — Tabella subiecta canoni in Lyra Barberina.

Αυλητιχή — Ars auletica, hoc est inflandi tibias.

'Αξιώματα — Axiomata, effata.

Arculus — Virga incurva setis equinis tensa, qua fides fricantur: *Archetto del Violino*.

Ασίλιψον — Coriaceum Citharae involucrum.

B

Barbiton — Genus Lyrne.

Barbitos — Una *Tiorba*.

Bicinium — Cantus duorum Musicorum.

Buccina — Tuba amplia cornu retorta, qua in bello utebantur. Tubus aereus exilior in amplissimum calicem desinebat in girum retortus, ut integrum orbem, et aliquando in duplicem producebatur. Ad amussim respondebat nostris *corni da caccia*.

C

Cacophonia — Improbus sonus — *Musica cattiva, dissonante, sregolata.*

Χάλκωμα — Vas aereum.

Calcochorda pectis — *Cetra con corde di ottone.*

Χαλκοχόρδου — Aereas habens chordas.

Canere — Dicitur tam de voce articulata, quam de organorum pulsatione. Hinc utraque manu canere dicebantur cytharaedi qui dextra laevaque chorda vellicabant, (Vide *cantiones*).

Canon monochordus, et polychordus -· *Una Regola Armonica.*

Canon — Manubrii tabella manubrio agglutinata ubi fiunt phthongorum discrimina: *la tastiera.*

Cantio — Organica musicae ex instrumentis compacta abusive, et propter vim verbi symphoniam dicimus.

Cantio vocalis - Musica constans ex voce articulata.

Castorium melos — *Aria guerriera che conteneva le imprese di Castore e Polluce.*

Coraulus — *Il cornetto.*

Certamina musicae — *Accademie ed esperimenti solenni di musica con premio e corona al vincitore.*

Chalipiochordon — *Cetra con corde d' acciaio.*

Chelys — Eadem ac lyra sic dicta a testudine, quae corpus lyrae adjectis cornibus et jugo efformabat.

Chelonis Hispanica — *Chitarra spagnuola.* Nomen *Chitarra* detortum est a Cythara.

Chordapsus — Pars cytharae cui fides adnectuntur: *la Cordiera.*

Chorodidascalus — Qui Musicos instruit, atque informat. *Maestro di Musica.*

Chordotonus — Id in quo cordae religabantur: *la Cordiera.*

Choricus Tonus — *Tuono corista.*

Chromaticum et inarmonicum — Genus consonantiarum egenum.

Chromaticum genus — Artificiosior musicae species, cum tetracorda per bina semitonia ac trinemitonium disponuntur.

Concentus polymeli — *Composizioni di più parti.*

Contrapunctus — Idem ac symphonurgia. Ars sic dicta ab uso punctorum circa unam vel plures lineas dispositorum, quos notarum loco veteres usurpabant.

Citharoedus — Qui citharam pulsat, et citharista.

Citharodia — Ars citharoedica.

Clavicordia, πολυήρη — Clavicordia plurium ordinum (*Clavecins à plussieurs Claviers*).

Clausulae — *Le cadenze.*

Χέλωνη — Testudo idem ac Χέλυκ unde communiter subit pro cythara, praesertim apud Liricos — Philostratus, in Amphionis Primus Mercurius Lyram texuit e duobus cornibus et jugo et chely. Cornu fuit caprae saltatricis. Ligna quae usui sunt, e buxo non ex Elephante. Cornua sunt manubria camura; Nervi autem alii positi sunt super hemispherio, seu lamina repanda, et umbilicis occurrunt, alii sub jugo cavi videntur. Originem Lyrae Mercurio attributam videas in ejus hymno apud Homerum.

Columellae — Hastilia cytharae, quae e corpore assurgunt, et jugum sustinent Brachia etiam dicta sunt. Plerumque incurva ad instar cornuum, quandoque recta, saepius vero intrinsecus ramosa, praesertim vero Etruscorum. Id additamentum non modo ad ornatum organi inventum est, verum etiam ad commodum psallentium, ut dextera inter carpendas chordas in iis prominentibus ramis quiesceret.

Compismus Κομπισμος — *Trillo o gruppo* — Vibrationis species in organis.

Consonantiae primariae — (Zarlino) Perfecte Diapason, Diapente, Diatessaron.

Χορδωσσία — Fidium appositio, potest etiam dici ἐγχορδοτονία.

Colores saturi — *Colori pieni.*

Consonantiae secundae, rel secundariae — Duae ternariae totidemque senariae.

Cornus venatorium — Tuba semicircularis aerea
superne angusta, inferne amplior.
Crestitacula ......
Χρωατίξεϑαι — Chromate variari χρωματισμινον chromate
variatum.
Crotala — *Cimbala bacchica.*
Cymbalum pensile ......

D

Diapason — Consonantia octavae omnium regina.
L' ottava
Diapedeses (Διαπηδίσεις) — Gall. *Correnti Franzesi.*
Diagrammata Citharistica — Vulgo Tabulaturae
Instrumentorum.
Diagrammata Musica vel melodica — Vulgo notae
musicales.
Diagrammata perscriptiones — Notarum dispositio.
Intavolatura.
Diapente — *La quinta.*
Διαψηλάφησις — Palpatio, seu contrectatio fidium, quae
alterutra manu fit. Vocabulum citharisticum.
Diapsalmata — Pulsationes organorum quae, inter-
quiescente voce, eduntur. Ea etiam Μεϑοκιϑαρίσματα
post vocabantur.
Diastalica, Systalica, Hesychastica, Enthusiastica --
Quator Musicae species vel proprietates.
Diastemata — Phthongorum intervalla sonituum.
Διασηρατικῶς — Diastematice.
Diatessaron — *La quarta.*
Diatonum — Bitonicum duobus tonis majoribus, et
limmate constans.
Diatonicum genus — Vulgaris et communior melo-
diarum species, quae tetrachordis constat per
binos tonos ac semitonium dispositis.
Διατύπωσις — Descriptio.
Dichordium — Organum duarum chordarum, quae
sonum variabant eodem ingenio, quo monochor-
dium.
Διπηχυς — Bicubitus Κοιλόπυχος cubitum habens va-
cuum.

Disdiapason — Quintadecima vulgo.

Discantus — Cum acutior vox per proximos phthongos celeriter vagatur dum basim gravior servat (*cantare in bordone o diminuire*). Concentus vero est duarum vocum perfecta consonantia ut cum τὸ Diapason vel alia consonantia distant.

Discus Crotalophorus — Discus cum campanulis.

Disdiapason — Quintadecima, o *due ottave*.

Ditonus — Tertia major.

Ditonus — Vulgo tertia major. Trihemitonium vulgo tertia minor, aliis semiditonus.

Divisio ἰσομερίᾳ — Divisio intervallorum in partes aequales.

Docachordum — Lyra duodecim chordarum.

Dulcineum genus — Tibiae duplici ductu instructae quae per intortam fistulam inflatur. Respondet Fagoto vulgo *Fagotto*, quod inflatilium omnium gravissimum est, profundumque sonum referens.

E

Echeum — Pars cava cujus vis organi, in qua sonus repercussus, veluti echo facta majorem concipit harmoniam. *Il corpo vacuo di qualunque stromento*. Vedi Κοιλία.

Ecfonesis — Prolatio soni. *Intonazione*.

Ἐκμελῶς — Inepte ad cantum.

E armonium genus — Artificiosissima harmoniae seu melodiae species quae binis diesibus ac ditono constat.

Embatenus Rytmus — *Aria o sonata da marciata*.

Endecachordum — Lyra undecim chordarum.

Entheus ac Patethicus — Quasi divinus, ac patethicus musicae sacrae convenientissimus stylus.

Ἐπίχρωσις — Pulsatio chordarum.

Epinicium — Carmen victoriale.

Ἐπισφιγκτήρ — Fibulae quoddam genus quo fides constringuntur fortasse idem officium praeferebat, quod claviculi versatiles vulgo *Bischeri*. Aliquando in veterum cytharis annuli conspiciuntur in jugo, quorum versatione chordae vel tendebantur, vel remittebantur.

Aequitonium —- Paxillus quo fides vertuntur, nonnullis verticillis.

'Επί τὰ ἴξω — Versus acutum.

Eumolpus — Bene canens.

'Ενήχιχ — Sonitus suavitas.

Eusymphonia — Plurium consonantiarum decens
ac suavis conlocatio.

'Εκτὸν παραλλήλων — E regione vel aequidistanter.

F

Fistulae Physaulorum — *Canne d'organo.*

Fist· la — Organum poliaulium ex septem, seu octo
calamis disparibus in ordinem junctis compactum
ad diversas voces proferendas. Plerumque gradatim procedunt, atque integrum diapason, singulos-
que illius phthongos exprimunt. In aliis vidi aliquando productiores calamos exilire ad profun-
diores voces explodendas. Syringam seu fistulam
Panis appellant.

Foris et intus canere — Utramque manum fidibus
adhibere.

Fornix — Phonocamptica Kircherii ille est, qui
sonitum repercutit.

Frequentamenta — Apud Ciceronem fere accipiuntur
pro iis quae vulgo Diminutiones Musicis dicuntur,
veteribus Melismata, et Teretismata. Ego vero
potius crediderim Καταπυκνώματα olim a Graecis vocari solita, videlicet minuta et spissiora intervalla,
quae in mollioribus cantibus usurpantur.

φωνασκός — Exercendae vocis magister. *Maestro di
solfeggiare.*

H

Harmonia mixolidia — *Tuono missolidio alla
quarta alta per la specie di B. mi.* Eius inventio
Sappho poetriae attribuitur.

Harpa — Genus Lyrae barbaricae apud Venantium
Fortunatum *l omanusque Lyra plaudat tibi Bar-
barus Harpa.*

Hiperhypatae — *Contrabassi.* Nervi graviores organorum extra systema ordinarium positi. Vocari
etiam possent Haethypatae.

Homoeophonesis — Imitazione: quell'arte colla quale si esprime con l' armonia la proprietà di una passione, e di alcuna azione, o di qualunque accidente della natura, per esempio, lo sdegno, il sonno, la tristezza, il fulmine, la tempesta; l' indole delle quali cose dee il musico imitare con una conveniente armonia di voce e di suono.

Homofonesis — Vulgo *una fuga.*

Homosymphonia — cyclia vel circularis.

Hypate mesón — Infima mediarum E la mi.

Hyperbati phthongi -- sonitus distantes.

Hyphechesis — Chordae ictae sonitus paulatim languescens.

Hypernetae — Fides acutissime supra ordinarium systema.

Hyporchemata ὑπορχήματα — Cantiones saltationibus accomodatae.

I

Ιερόμελου — Sacra Musica, *Musica di Chiesa.*

Inventores graece μπτωδοί α ντός ultimus: *i Soprani.*

Instrumenta musica — aut sunt de genera pulsabili, ut tympana aut inflabili ut Tibiae, demum aut tensili, quemadmodum sunt cytharae.

Intentio vocis — intentionis signum *Diesis.*

Interstitia ἰμίτναία — Spatia, quandoque eadem ac jugamenta.

Intervallorum ἀκρίβεια — Intervallorum exquisita partitia.

Iugamenta — Discrimina Phthongorum cujusque materiae sunt, puta nervacea vel aerea. *Tasti* (Gal.) *Touches.*

Iugum cytharae — Pars superior transversa summis cornibus infixa ubi chordae haerebant, et moderabantur. In jugo fixi erant versatiles claviculi qui cordas tendebant, aut remittebant. Imagines vero Lyrarum, quae in picturis Herculaneis observantur in suspicionem me abducunt fuisse in Cytharis juga versatilia, quae tensis jam chordis, quemadmodum singularum postulabat versatione totius jugi tonus universus Cytharae vel acuiretur,

vel deprimeretur, ut praesertim in Tibiis, quarum
tonus immutabilis est, consonarent. Hanc mihi
suspicionem excitavit forma jugorum, quorum ex-
tremitates extra cornua proferuntur, et veluti in
rosam expanduntur ad instar claviculi versatilis,
vulgo *bischero*, quam formam in hunc potissime
usum introductam esse puto, ut jugum ipsum
manu revolvi ac versari potuisset, si praesertim
chordae longa pulsatione, quae apud antiquos a-
sperior erat, remitterentur. *Vide orbiculi et Tubuli.*

Iugum — Lignum transversum in summitate Cytharae et Lyrae, in quo paxilli, seu clavi versatiles ad chordas tendendas vel laxandas infige-
bantur, vulgo *bischeri*. Horum loco adhibebantur
anuli eburnei, sive ossei latiores, qui iugo te-
nentur transfixi.

K

Καινοτομία — Novitatis studium.

Κατάληψις — Comprehensio nervi icti. Verbum Cytha-
roedicum apud Graecos Grammaticos.

Κατασυμπάθειαν — Per mutuum consensum.

Κατὰ τὸ παθητικωτέρον καὶ σεμνότερον — Secundum magis
Patheticum et gravius.

Κοιλία — Venter cavus cujusvis organi ad vocem re-
flectendam. *Il corpo, il vano di qualunque stromento. Vedi* Echeum.

Κονοειδεις — Acuminatae, coni instar, cuneatae.

Κραδασμός — Chordae ictae vibratio sicut in hasta
concussa.

Κρουμάτων συμπλοκαί — Pulsationum complicationes.

κρούσεις τῶν χορδῶ — Percussiones chordarum.

τίνια — Ornamenta cythararum, quae pectines re-
ferebant.

L

λείμμα — Limma intervallum, quod duobus tonis
majoribus a diatassaron demptis superest, Semitonium pythagoricum. Haec dictio reliquum notat.

Lexis (Graece) Lectio — *Le parole d' una musica.*

Lyra Trigona — Aegyptiis usitata.

Lyra triginta chordarum — Quod mirum non est, cum in octavis repeterentur divisiones diatonicae, et enharmonicae praecedentium.

Lyra ter septenas chordas continens — Inventum Anacreontis fortasse pro triplici modo harmoniae Dorico, Lydio, Phrygio.

Lyra triplex — Pythagorae Zacynthi constituta in tribus faciebus tripodis pro tribus harmoniae modis Dorico, Lydio et Phrygio.

Lyra — Ex quatuor partibus constat, testudine, seu fundo, duabus columellis et jugo. Vide singulis in locis.

Lyra orchestrica — Lyra quadricorda qua in choreis praecipue Galli utuntur. *Viola da braccio, Violino.* (Gall) *Violon.*

Lyrotheca — Arcula ad Lyram custodiendam. *Cassa da Liuto.*

Lychanos Hypaton — Index infimarum d la sol re.

M

Manubrium — *Manico del Liuto.*

Μέλη — Cantus.

Melydium — Parvum melos, cantiuncula, *un'arietta.*

Melismata — *Passaggi lunghi.*

Melismi — *Passaggi brevi.*

Melodia monodica — Vel stylus monodicus, *stile recitativo.*

Melopeia — Compositio Musicae, ars et habitus cantium componendorum.

Melos — *Modi musici.*

Melos vocale et organicum — *Canto di voci e canto di strome..ti.*

Μεταβολαί, τονικαί, γενικαί — Mutationes tonicae genericae.

Metaplasmata — Voces ulteriores et inutiles in chordarum segmentis.

Μετωνομικῶς — Per metonymiam.

Μόναυλος — Monaulum, unica tibia, seu calamus, aut fistula.

Monochordum — Organum tensile ex unica chorda constans, quae proximiore aut remotiore attactu sonum variat percussa plectro, seu arcu confricata. Aliquando arcu ita tendebatur, ut eo compresso aut relexato pro numeris Musicae viata tensione tonum mutaret.

Monomebos — Cantio unius vocis.

Multiformis concentus — *Un contrappunto doppio* Μομσικώτατον — Musicae aptissimum.

Monotonos — Vox unius toni chordae. Haec non pertinet ad musicam, quae sine vocum varietate nulla est, sed tantum respicit pronuntiationem oratoriam, in qua vitio imputat, nam offendit auditorum aures et maxime obstat quin affectus moveantur, quod potissime obtinetur sivox sequatur naturam conceptuum, qui exprimuntur modo lenis, modo vehemens, gravis aut acuta ut oratio postulat, ex quo oritur Musica oratoria, sine qua oratio languescit. Huic vitio opponitur Vox politona et versatilis pro argumentorum varietate.

Musurgia — Musica psaltica. Hinc Musurgi Musici practici, qui Musicam componunt. *Compositori.*

N

Neurochordon — *Cetra con corde di nervo o di budello.*

Nete synemmenon — Conjunctarum d la sol re.

Nete — acutissima chorda: *Il canto* (Gall) *la chanterille.*

νεωτερίσκι — Novatores.

Nervia fides — Ex intestinis animalium confutae, pntissimum ovillis.

Notae — Musicales cifrae.

O

Ocuntores — graecis μέτοδο: *Tenori.*

Οἱ καλλιγράφοι — Elegantiarum et vocabulorum variorum aucupex.

Ὀλιγοχορδία — Parcitas chordarum prout in organis monochordis aut tetracordis.

5

'Ομόχροα — Concoloria.

'Ομογενεῖν — Congeneres.

Organa ⎰ hysaulica, vel Physauli organi (Gall) *les orgues.*

'Οργανοποία — Organorum musicorum ars effectrix.

Organorum coaptationes - Dispositiones chordarum in musicis instrumentis,

Organum τιλεοσύμφωνον — In quo ad summum consonantiae temperatae sunt.

Organum Pneumaticum poliauli — Seu syringae genus, quod compressis follibus, ac per taxillos apertis fistularum orificiis sonum prodit. Hujus exemplar ex vetere Distycho prodidimus in Morum Thesauro, ejus enim origo ex quarto Christi saeculo manifeste deducitur.

'Ορθιον — Proprietas cantus alacris et vividi.

'Οξύφωνοϋ — Acutae vocis. βαρύφωνοϋ Gravis vocis.

P

Palilogiae — Repetitiones eorumdem verborum.

Pandura hexacorda — *La viola.*

Pandura — Vulgo *Viola.*

Pandurium Tetracordum — *Il Violino.*

Paraphonia — Dissonantia, *frastuono, suono discorde.*

Paranete diezeugmenon — Penultima disjunctarum d la sol re ♮ quadro.

Parecheses — *Echi.*

Parhypate Meson — Peninfima mediarum F fa ut.

Patavina saltatio — *Pavana.*

Patavina Hispanica — *Passacaglia (la Pavane d' Espagne.)*

Pathos — Affectus expressio.

Pectis — Genus Lyrae.

Pectis, vel cythara vulgaris chaleochorda — *Una cetera.*

Pentachordum — Lyra septem chordarum pro singulis musicis vocibus.

Pentemoria πεντεμορία — Diéses quintam toni partem obtinentes.

Pericope — Cantionum membra.

Paraphoniae (Zarlino) *Consonanze piene.*

Physauletes — Organi pulsator. *Organista.* Idem ac Physaulus.

Phthongi emharmonii et metabolici — *Voci in b molle e diesis.*

πηδάλιον — Temo: cytharae pars.

πιδίσυλι — Pythiae tibiae. *Flauti.*

Psalma — Uno *strascino.*

πλευρά — Catris lyrae.

πλοκαί — Implexiones, modulationes remotis intervallis *(di salto)* ascendentes, vel descendentes.

πολύαλος — Instrumentum omne inflatile ex pluribus tubulis disparibur compactum.

Polylogia — Cum verba extrema et clausulae cantionis a duobos cantoribus diverse proferuntur, quod praecipue accidit in biciniis cum duo eodem tempore, et per easdem notas verba diversa canunt.

Polyplectrum — Hoc nomine intelligo nostrae aetatis cymbala, quae subtilibus veluti totidem plectris singulae chordae ad sonum excitantur.

Polyplectrum — *Clavicembalo* a multitudine subsilium vulgo *saltarelli,* quae veluti totidem plectris quodlibet suum chorda scalpit.

πολυσυμφωνία — Multitudo consonantiarum.

Progymnasmata odica — Praeexercitamenta cantuum — *Il solfeggiare.*

προκιθαρίσματα — Praeludia Cytharoedorum et Cytharistarum (Gall) *Entrées de luth.*

Prosodium — *Un mottetto.*

πρόσχορδα *canere* — Qua voce utitur Plato, vulgo accipitur pro: *cantare all' unisono sulle corde,* apud Plutarchum tamen significat simul canere et pulsare.

Psalterium — Decachordo in scripturis memoratum.

Psalterium — Harpae species.

Pseudoricalcum — Orichalcum vulgare, seu aes flavum, *ottone.*

Psilocitharista — *Sonator di cetra.*

Q

Quadricinium — *Composizione a quattro.*

R

l'ationalis Musica — Pars artis nobilior, quae complectitur hystoriam, Philologiam et Theoriam, atque in primis rationem a natura intrinsece petitam, per quam demonstratur cur aliquid conveniat, aut e contra absonum sit; quam qui ignorat, etsi aliquando imperitorum aures capiant, diu tamen placere non possunt.

Remissio vocis — Remissionis signum, *B molle.*

Rhematium — *Un mottetto.*

Rhytmus — Numeri Musici.

S

Sambuca δίωτος — Sambuca duplici alveo disticha, vel tetrastica, duas, vel quatuor habens series chordarum.

Scolia — Carmina quaedam, quae in Graecorum conviviis cantari solebant, Gallis hodie familiaria.

Scoliasma — *Un madrigale.*

Senaria minor, vel *exachordum minus* — Sexta minor.

Senaria major, vel *hexachordum majus* — Sexta major.

Σαμβύκη δίωχος et τρίσιχος — Harpa duplici vel triplici fidium serie instructa.

Sistrum . . . . .

Spondiaca Tibia et spondialis — Vide Tibia longa.

Στάσις — Statio, seu constantia vocis in eodem Phthongo.

Sabulum (Apuleio) — Plectrum, vel plectri species.

Subsilia — *Saltarelli del Clavicembalo.*

Succentores, graecis ὑπάτωδοι — *Bassi.*

Supercilium — *Il Ciglietto, le Ceillet.*

Symphonia — Duarum vocum apta jucundaque copulatio. Symphoniae in genere sumptae multiplicem harmoniam significant, communiter vero concentum organorum sine voce.

Symphoniurgia — Ars, quae per notas musicales concentum componit atque ordinat, *Il contrappunto.*

Symphonetae — Qui simul concinunt.

Συμφώνων — Consonanter sive ejusdem soni. Hinc Symphonia unio plurimarum vocum eumdem sonum reddentium.

Symphonurgi — Qui musicam ex pluribus vocibus sine organis componunt.

Symplocorum (τῶν συμπλοκῶν) ἀνακλάσεις — Gallis Citharistis syncopes.

Συμπλοκή — Complicatio seu mixtio plurium phthongorum maxime distantium.

Sympsalma — Concentus diversarum fidium.

Synarmoge συναρμογή — Contemperatio duorum organorum vel Systematum.

Syncatalogae — Concentus clausulae — *Le cadenze*.

ΣωΚροτήματος τῶν ΚωδωνισΚων — Concrepationis tintinnabellorum.

Syncrusis — Pulsatio duorum pluriumque simul sonorum.

Synodia — Concentus plurium vocum.

Syringa — Vide *fistula*.

Συςτηματ·δον — In modum Systematis phthongis continenter dispositis.

Systema commune maximum et perfectum — *La gamma, o la scala di musica.*

Systema Hyperbatum — Dispositio plurium chordarum per intervalla remota et consona, ut in organo, vulgo *Liuto*.

Συςτημάτιον — Parvum Systema.

T

Ταυτολογία — Diversis verbis idem dicitur.

Tasis — τάσις — Vocis tensio certa et uniformis neque in gravi neque in acutum declinans.

Taxilli — Tigilla quaedam instar exiguorum talorum vel tesserarum.

Taxilli — *Tasti del Claricembalo.*

Teleosymithonus — Consonantias aliaque intervalla exacte temperata habens.

Temperatura ισημτονίαια — Quae per aequalia semitonia fit.

Temperatura perfecta — *L' accordo perfetto.*

Terdenaria minor — Tertia decima minor.

Testudo — A poetis frequenter accipitur pro tota Lyra, nam pars utriusque potissima fuit in origine, ut enim ex Hymno in Homero colligimus exenterata testudine insertisque cornibus in humerorum cavernulis, additoque jugo circa cornuum mucrones, tensisque ex eo ad hymnum chordis vocalis facta est. Hinc in honorem originis factae sunt cytharae, ex compactis asserculis testudinem imitantibus, ut in marmore antiquo. Magna vero hujus cavitatis utilitas fuit, ut tinnitus in ea repercussus harmoniosior resonaret. Hinc ea pars Echaeum vulgo audiit ob vocis repercussionem. Deinde inolevit ut praetermissa testudinis imagine Echaea humiliora, et plana formarentur. Aliquando nulla sunt in citharis.

Testudo — *Il Liuto.*

Testudo — μακρόπηχυς — *Arciliuto.*

Testudo vel Chelys — *Un Liuto.*

Τεταρτομορία — Quadrantes Toni, Diesis Enarmoniae.

Tetrachordum — Systema, quatuor chordarum, cujus extrema diatessaron resonat.

Tetrachordum — Lyra quatuor chordarum, quarum tensio erat ut A. C E. F.

Tetracordum diezeugmenón — Quadrichordum disjunctarum vel disjunctum ♮ c, d, e.

Τῇ πράξει — *Fraxi.*

Tibia ossea — Nam ex belluarum perforatis cruribus, ex quibus fieri solebat, nomen accepit. Inde buxea facta est. Respondet nostris Flautis. Aeream deinde fecerunt in usum bellicum.

Tibia Prygia — Organum oblongum et rectum tribus foraminibus pervium addito in extremitate cornu retorto.

Tibia latior — Ad instar buccini, qua in funeribus utebantur.

Tibiae pares, geminae Tibiae — Quas unicus auletes inflabat, atque utraque manu. Singularum foramina comprimens solum ciebat. Haec omnino unisone erant. Caeterum incertus sum an artificio maaus vox utriusque variaretur ad concentum.

Tibia longa — Organum unico oblongo tubo et recto constans in extremo patulum. Dicta etiam spondiaca et spondialis.

Tibia paxillis instructa — Ea erat, in cujus supremo foramine tubulus productior inserebatur, aut tollebatur ad tonum organi gaaviorem seu acutiorem proferendum.

Tibiae utriculariae, seu *Pythaulae* — Quae ex inflato utre, sonum emittebant.

Tibia biforis — Quae ex unico ductu tubos duos efferebat, ut duplicem tibiam referret

Tinnitus — Ornamenti citharistici species.

Τὸ ὁμογινές — Barbaris, homegeneitas.

Τῶν Κρουσῶν — Epitheton organorum, quae sine chordis percutinatur, ut Cymbala: *Crotali*.

Toniacum diastema — Toni intervallum.

Tonorium — Tibiola, vel parva fistula qua utuntur artifices ad explorandum tonum organorum musicorum.

Tonus ὑποδεικτικός — Tonus praecipuus et quasi fundamentalis.

Tonus disjunctivus Gr. διαζευκλικῶς — Qui distinguit duo Tetrachorda, et duabus chordis A. ♮ intercipitur τῇ δυνάμει potestate.

Ἐπὶ τὸ βαρυ — Versus grave.

Tonus insititius et μεταβολικος — Tonus accidentalis ut dicunt.

Tonus major — Ratio sesquiottava, et differentia τῶν diapente et diatessaron.

Triangulum Musicale — Organum cum triplici chordarum ordine. Blanchinius pag. 32 observavit musam sinistra posteriore chordarum ordinem, dextera anteriore pulsare.

Tricinium — Cantus trium musicorum.

Trichordium — Lyra trium chordarum, quarum tensio erat ut A. C. E. nec enim reliquas voces canentis sequebatur.

Trigonon cum annulis.

Trihemitonium vulgo *semiditonus* — Tertia minor.

Triodia — Cantus trium Musicorum.

Trite synemmenón — Tertia conjunctarum b fa.

Tritonus — Quarta falsa.

Tuba recta — Cum labro repando simplici tubo instructa, qua in sacris et triumphis concinebant.

Tuba ductilis — Aerea, multiplici plerumque ductu formata, quorum prior, qui ori admovetur, inserto tubo ductili producitur atque corripitur, unde varii phtgongi efformantur.

Tubuli ossei — Discrimina erant chordarum.

Tubuli seu *globuli ossei* vel *eborei* — Qui jugo Lyrae transfixi circa illud pro opportunitate vertebantur. His chordarum summitates alligabantur; et pro modo vertiginis chordae intendebantur aut remittebantur, officiumque subibant claviculorum versatilium *bischeri*; tubuli enim adeo aenaei per jugum, hoc est, assem suum constringebant, ut invito citharoedo minime diffluerent. Hi sunt orbiculi illi, qui antiquorum agris veluti nodi circa inguen conspiciuntur; in his singulis aliquando duo chordae adhaerent. Has ego si structuram assequutus sum, in unisonum temperatas esse puto ut singuli phthongi seu voces duplicem chordam pulsarent ut veluti duo.

Tympanum — Horologiorum pensilium, vel cymbalisticus (Gall) *le Timbre.*

Tympanum leve — Tono superinducto.

V

Vertibulum vel *clavicula* — Instrumentum malleolo simile quo Epitonia ferrea Clavicordiorum et sambucarum vertuntur.

Vibratio — Trillo in vreibus humanis atque organis.

Vibratiunculae — Tremoli.

Lightning Source UK Ltd.
Milton Keynes UK
UKHW020616020223
416354UK00006B/895